本居宣長　（松阪市，本居宣長記念館蔵）

嘗父定利歎無子而祈嗣於和州吉野山子守明神誓曰若生男子其子至十三歳即自供使其子参詣願望不虚室家有妊産男兒然所誓不遂父早逝矣兒至十三歳隨亡父宿誓参詣彼神祠賽謝焉

生國者伊勢州飯高郡松坂本町矣。姓者小津氏矣。小津三四右衛門定利法名道樹二男。實者長男也。長男者養子矣。母者村田孫兵衛豊商法名元固之娘法名清誉円光大徳俗名於勝也。享保十五年庚戌五月七日夜子之刻之夜

上左：**宣長の住居があった付近**　現在の松阪市本町の午銀通りのようす。（松阪市，小笠原いづみ氏 写真提供）

上右：**宣長の日記**　（本居宣長記念館蔵）

下左：**本居宣長ノ宮**　松阪市殿町の四五百の森にある。大正４年（1915）に宣長奥墓から遷座した。（松阪市，小出寛氏 写真提供）

下右：**宣長の奥墓**　松阪市郊外山室町の妙楽寺に建てられた。当初は「本居宣長の奥津紀」とあったが，後に「本居宣長之奥墓」と改められた。（松阪市役所 写真提供）

本居宣長ノ宮

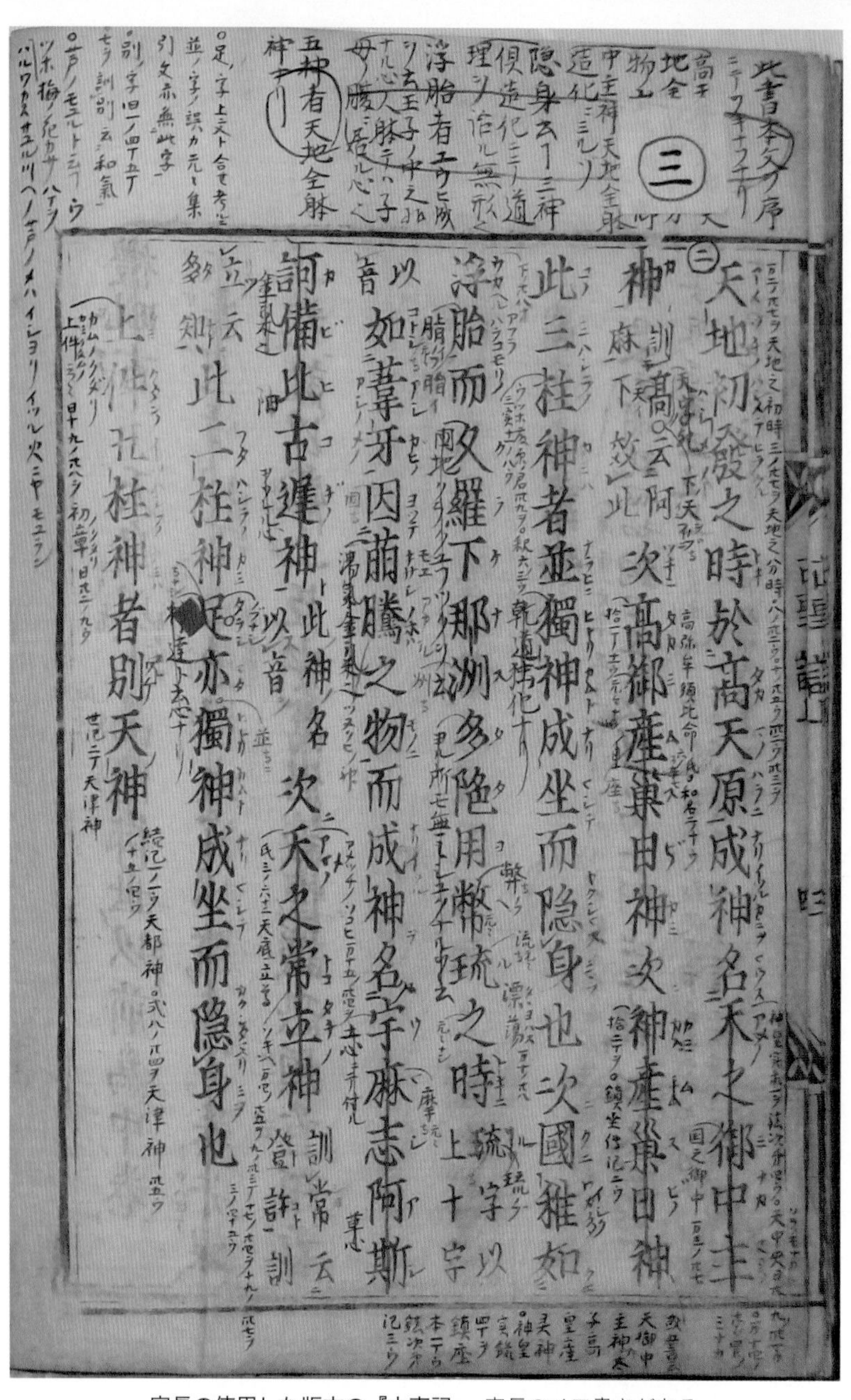
天地初發之時於高天原成神名天之御中主神訓高下天云阿麻下效此次高御產巢日神次神產巢日神此三柱神者並獨神成坐而隱身也次國稚如浮脂而久羅下那州多陀用弊流之時上十字以音如葦牙因萌騰之物而成神名宇摩志阿斯訶備比古遲神此神名以音次天之常立神訓常云登許訓立云多知此二柱神亦獨神成坐而隱身也

上件五柱神者別天神

宣長の使用した版本の『古事記』　宣長のメモ書きがある。
（部分，本居宣長記念館蔵）

新・人と歴史　拡大版　43

近世国学の大成者　本居宣長

芳賀　登　著

SHIMIZUSHOIN

本書は「人と歴史」シリーズ（編集委員　小葉田淳、沼田次郎、井上智勇、堀米庸三、田村実造、護雅夫）の『本居宣長―近世国学の成立』として一九七二年に、「清水新書」の『近世国学の大成者―本居宣長』として一九八四年に刊行したものに、地名や仮名遣いなどの表記の一部を改め、振り仮名や生没年を増やし、掲載写真には出典を明示して、古い景観写真は現在のものに差し替えて、復刊したものです。

はしがき

本居宣長（一七三〇～一八〇一）は、日本がかえりみられる時に、つねに思いかえされる人である。その場合、多くの人々はこの人から何を学ぶかによって、日本に何を求めるかをしめしていた。ところがそれにもかかわらず、この偉大な学者の全貌はいまだに知られていない。それほど本居宣長は多くの業績を残し、多方面にわたっていた。それが今度、本居家七代の当主弥生氏が、宣長に関する資料のすべてを、松阪市に寄付された。これを機会に「本居宣長記念館」がつくられるという（昭和四六年（一九七一）一一月開館―編集部注）。

またこれをチャンスに、多年渇望されていた『本居宣長全集』二〇巻が刊行されている（昭和五二年（一九七七）に完結―編集部注）。これはあれほど宣長が宣伝された太平洋戦争下に、村岡典嗣によってこころみられた『本居宣長全集』（岩波書店刊）からも多くのものを収録する計画である。その中にははじめて陽の目をみるものも少なくないので、その内容も他日検討をうけ、新しい本居宣長研究が出発するものと思われる。こうした時に本書が成立する。したがって、本書も今後の研究によって書きあらためなければならないところも多いことと思われる。また微視的に検討するならば、もっとふれなければならないことも多かったことと思われる。しかし、その点については、他日自ら改訂増補することとしたい。

本居宣長は、契沖・賀茂真淵の学問を継承し、荷田春満のものにもふれ、『古事記伝』をはじめ多くの業績をのこした。そのため平田篤胤の『玉襷』以後において、宣長が、近世国学の大成者とされるのである。加えて彼の思想形成期の宝暦～天明期（一七五一～八九）は、徳川幕藩体制社会の転換期であり、宣長も自覚しているように、百姓一揆に対応する幕府の政策転換も行なわれ、幕藩体制をゆるがす広汎な闘争がつぎつぎとおこり、広域人民闘争ともいわれる惣百姓一揆がおき、知識人層の精神形成にも多大な影響を与えていた。かかる世直し状況下にあって、宣長が何をどのような形で解決することを求め、自らの学問にいかなる社会的役割を付与したかが、求められねばならぬことである。

今日政府は、世直し予算などと称して、日本経済の世直しを主張している。一九三二年（昭和七）一月、時の犬養内閣は、総選挙を実施し、世直し小唄をつくって、ドル買いをして失業者百万をつくる民政党の景気ひきしめ政策を批判して、世直し景気とするために、大陸侵略を肯定して、広い満州が待っているとしめくくった。そのころより、日本精神が叫ばれ、本居宣長がその鼓吹者として登場もした。多くの人々は、本居宣長がいかなる人であるかは理解せず、ただ彼が六一歳の還暦の時に自画自賛とともによんだ、

しきしまの大和心を人問はば朝日に匂ふ山桜花

の歌をはじめ、『玉鉾百首』にのる歌をよんで、宣長を日本精神の権化として理解した。

彼がどのような時代に何を求めて、そのような歌をよんだかはすべて無視した上で、超国家主義者の設定した時代目的のために利用された。かかる浅薄な理解は、もちろん今日とる人は少ないと考えるが、日本をかえりみるということが、直ちに日本精神とは何かに直結するものでないことをまず考えに入れておいていただきたい。

それにもかかわらず、宣長は生きていた時代から『古事記伝』『直毘霊』『くず花』に対し批判の矢がむけられ、その死後の天保期における賛否論争は大きなものがあった。その際の争点は、儒教思想に対する宣長の批判に対する反発であった。したがって宣長の中国中華観に対する鋭い問いかけは、日本がかえりみられる時にあたってつねに考えられねばならぬことである。

その原点ともいうべき本居宣長の漢意批判、さらには積極的提言である古伝説絶対信仰や「妙理」の追求に努めることとなった。本書がそうした部分にページをさいたのもそのためである。

目次

II　近世国学の成立と宣長学

Ⅲ　宣長とその時代

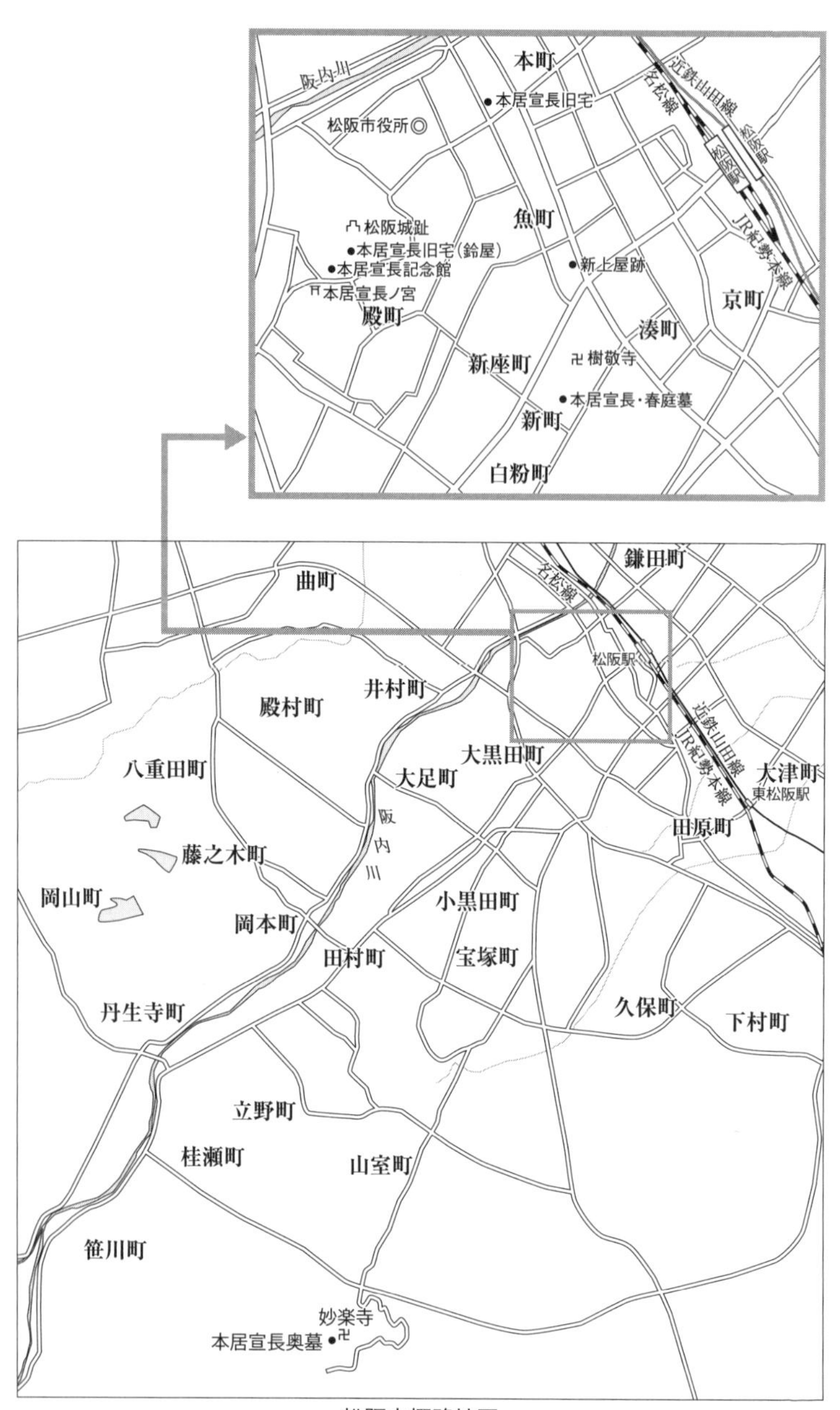
本町
本居宣長旧宅
阪内川
松阪市役所
名松線
近鉄山田線
松阪駅
JR紀勢本線
魚町
松阪城趾
本居宣長旧宅（鈴屋）
本居宣長記念館
本居宣長ノ宮
新上屋跡
京町
殿町
湊町
新座町
樹敬寺
本居宣長・春庭墓
新町
白粉町
鎌田町
曲町
井村町
殿村町
大黒田町
大足町
八重田町
大津町
東松阪駅
田原町
藤之木町
岡山町
小黒田町
岡本町
田村町
宝塚町
丹生寺町
久保町
下村町
立野町
桂瀬町
山室町
笹川町
妙楽寺
本居宣長奥墓
松阪市概略地図

I

本居宣長の精神形成

浄土信仰の厚い家に生まれる

❖浄土信仰の家系

本居宣長は享保一五年（一七三〇）五月七日、伊勢国（三重県）松阪本町の木綿商小津三四右衛門定利の二男として生まれた。宣長の母は村田孫兵衛豊商の四女のお勝（恵勝）であった。定利は本家を相続して、亡兄の妻きよを入れたが、まもなく死別したため後妻にお勝を迎えたのである。しかし、後嗣は祖父によってわが子でなく養子定治にきめられていた。それでもお勝は、わが子が欲しかったので、子守神である吉野水分神社を信仰して子授けの祈禱をたて、宣長を授かった。のち宣長もその御礼詣りに出かけている。

宣長の家は代々浄土宗で、松阪新町の樹敬寺を菩提所としていた。そのためか宣長は生涯浄土信仰に生きた。平田篤胤（一七七六〜一八四三）の排仏論書である『出定笑語』に対する反駁書に『弾笑語神敵論』（東北大学図書館狩野文庫所蔵、写本一冊）がある。その緒言に、宣長の門人で肥後（熊本県）の国学者帆足長秋（一七五八〜一八二二）の実見談として、宣長が晩年一室にこもって浄土門の『三部経』を読誦（どくじゅ）することを日課として帆足にも勧めたともかいている。これによっても宣長は晩年まで浄土信仰をすてなかったことがわかる。辞世に

松阪に千歳（ちとせ）の春の宿しめて風にしられぬ花をながめむ

ともある（梅沢伊勢三「本居宣長の晩年の心境――特に神道と浄土教との関係について」〔「神道史研究」四の三所収〕）。

この樹敬寺は松阪の豪商三井（みつい）・殿村（とのむら）・小津・村田らの菩提所であった。したがって宣長も豪

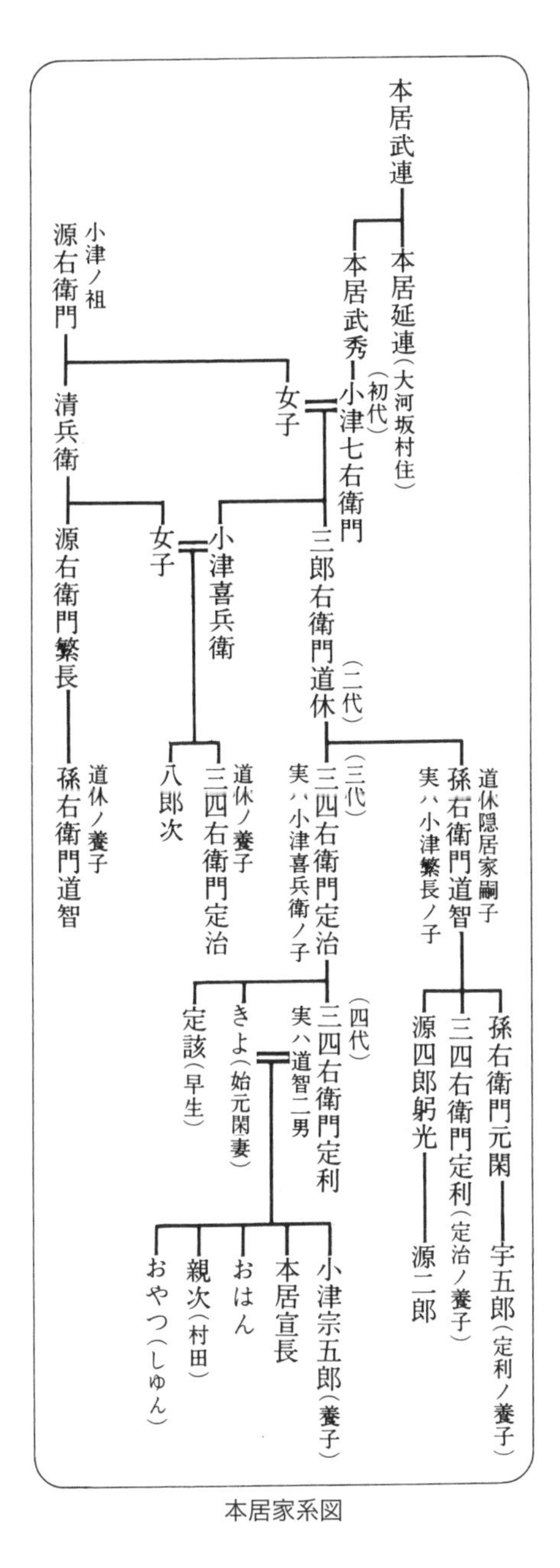

本居家系図

商の家に生まれた。曽祖父小津三右衛門道休（元禄元年没葬於樹敬寺）および祖父三四右衛門唱阿（享保十四年没葬於樹敬寺）が浄土信仰に熱心な人であったことは、宣長の『家のむかし物語』に具体的にかかれている。

道休君も此唱阿君も、仏の道を深く信じ従ひ唱阿君は殊にふかく信じ玉ひて、夢に生身の仏菩薩を見玉へる事なども有て、その像を図画せしめおかれたる、今も家にあり、先祖諸霊のために、一一樹敬寺に祠堂といふ物を寄入し給ひ、今におのおのその忌日忌日の逮夜に、法事を行ふ也。

とあるほど、信仰に生きていた。

また『別本家の昔物語』には、樹敬寺十夜祠堂の事などをあげて信心の実体を示している。また樹敬寺では、先祖のための施入が行なわれている。加えて唱阿の隠居のさい、奉持していた阿弥陀三尊は「いときらきらした結構なる仏像」でもあったが、宣長のおさない心にも同様にうつり、岩内村岩観音寺に安置され、宣長も尊信してこれに礼拝しているほどである。したがって養子本居大平（一七五六～一八三三）に宣長が父は念仏にまめ、母は遠き慮りもつ人といったのもそのためであった。それ故に、父定利もまた本居大平の『恩頼図』には「父主念仏者ノマメ心」とあるように真摯な浄土教信者であった。

母お勝も浄土宗の松阪新町村田家の出で信心の厚い人で、その父豊商は「法名剛蓮社堅誉説阿元固大徳」、その母はつも「光誉忍室元寿法尼」といい、宣長の結婚した年には、信州（長野県）善光寺に詣でて剃髪している。この母の長兄は幼いときに出家し、詳蓮社審誉上人酉阿直入察然和尚と称し、縁山四十四世入蓮社走誉連察の弟子となり文昭院殿御霊廟の別当真乗院第三代の当主となった。宣長の妹おはんもまた宝暦一一年（一七六一）三一歳で尼となり、智遊と名のっている。もう一人の妹のしゅんも夫に死に別れて尼となり、壽方と称している。母方をついだ弟勝有（村田与三兵衛親次）もまた晩年になって剃髪しているし、清兵衛も一族の村田権右衛門の養子となり剃髪して宗善といっている。

このような係累の生き方からも、松阪が浄土信仰の厚い土地柄もあって、宣長が浄土信仰に敬虔そのものの宗教的な家に生まれ育ったことがわかる。

❖浄土信仰に生きる

元文四年（一七三九）、宣長は一〇歳の時、入蓮社走誉上人より、浄土宗の血脈をうけて「英笑」という法号をうけ、一四歳の寛保二年（一七四二）の秋には『元祖円光大師法然伝記』を筆写した。これはおそらく『四十八巻伝』と思われる。翌年二月二四日より融通念仏百遍之日課を修めている。また寛延元年（一七四八）一九歳の四～五月にかけては、近江（滋賀県）・山城（京都府）の巡拝旅行に出かけ、その時に浄土宗総本山知恩院において、鸞宿大僧正より十念をうけている。ついで黒谷に足をのばし方丈を拝見し元祖安置仏の礼拝を行なっている。その一〇月二五日（今井田養子中）には、松阪の菩提所の法幢山樹敬寺の宝延院の方丈において三十世観蓮社諦誉上人義達に五重の伝を受け、血脈を授って伝誉道与の誉号道号の伝をうけ、法名「伝誉英笑道与居士」をたまわって、その信仰はいよいよ白熱化している。

しかし、観蓮社諦誉については、諱を祖秀といい、寛保二年（一七四二）二月、川越蓮馨寺二十三世をつぎ、延享二年（一七四五）七月、静岡宝台院に転じているともいっている。この祖秀より三代あとが蓮馨寺二十六世法蓮社進誉敬阿知覚で、この人は江戸にいたときに賀茂真淵と関係が深かったともいわれる（宝田正道「本居宣長の人格と浄土宗」〔『日本仏教文化史攷』所収、弘文堂新社、昭和四二年、一三〇～一三二頁〕）。それにもまして宣長は、一五歳のころより融通念仏にいき、十万人講の日課を課していたから、浄土信仰にはきわめて傾倒していたといえる。また一九歳のときの『覚』という冊子などをみると「毎月」として

一日馬鳴十、良忍十、二日栄感、六月十三日天親十、妙延十二月十

などと日次の礼拝のことをしるし、精進日をきめて内外両宮に天神地祇をはじめ、釈迦弥陀二尊に父母や祖先の報恩感謝につとめている。

したがって宣長自身、京都遊学中の宝暦某年に同門の友人岩崎栄令に送った書翰の一節にかきしるしたように、「僕也不佞少年甚好レ仏」とあるような仏教を好んだ人であった。

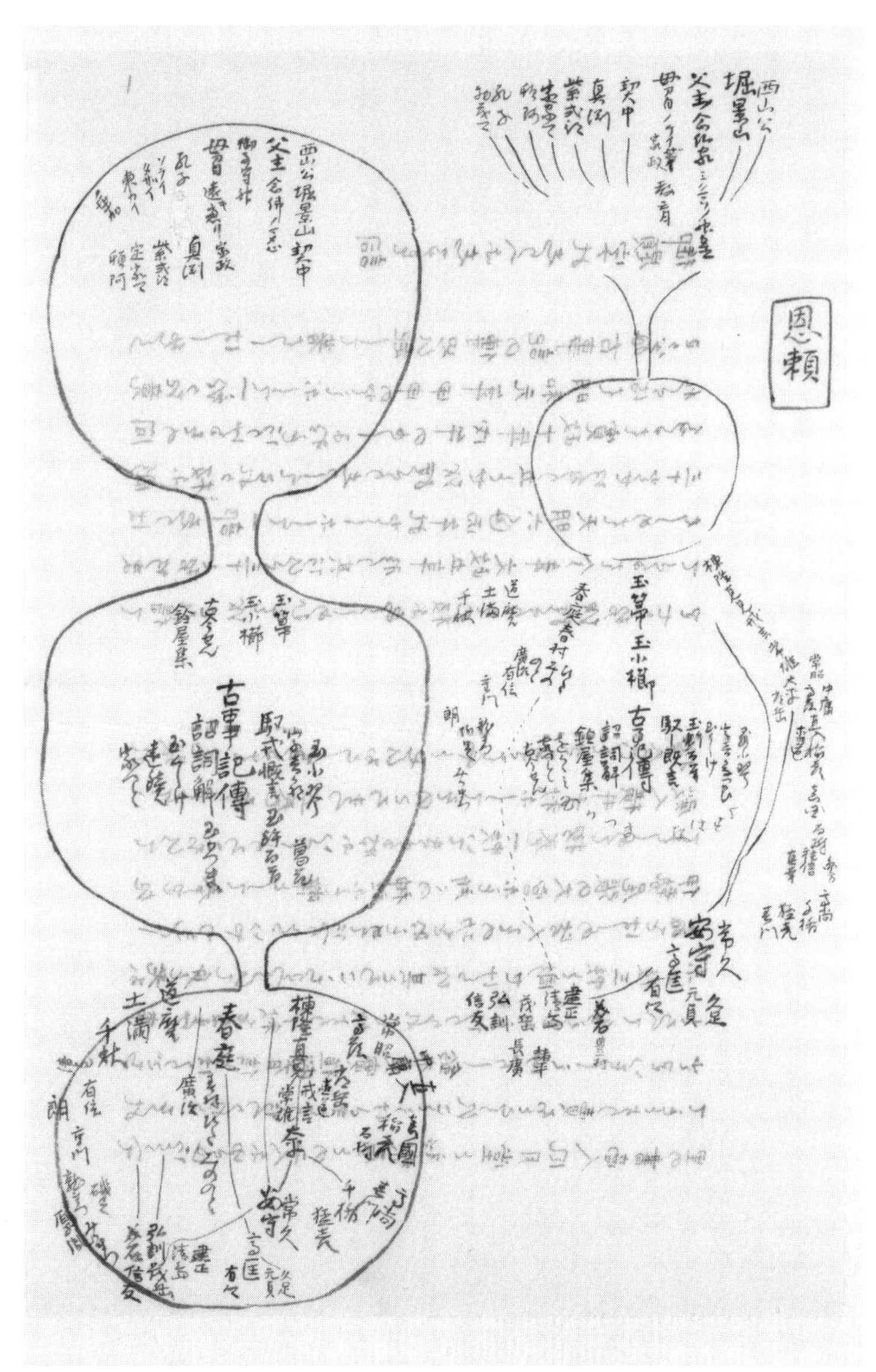

「恩頼図」（天理大学附属天理図書館蔵）

山崎闇斎　（下御霊神社出雲路家蔵）

しかも浄土信仰は神祇不拝とは異なるもので民間信仰的要素の混入しやすいものであった。宣長の接したものは阿弥陀・釈迦仏をはじめとする諸仏諸菩薩、また代々の祖師だけでなく天照大神などの神々が含まれている。これは宣長の生まれた松阪が天照大神鎮座の伊勢皇太神宮のちかくにあったことによるし、参宮街道に当たっていたことにもよる。

この点をさらにうらづけるものが、山田の今井田家へ養子にいったころの宣長の行動である。彼はこの時代には親族の村田元次（一六五五～一七三三）・村田全次（?～一七五一）の二人のように山崎闇斎（一六一八～八二）の垂加神道を修めた人もあったので、その影響をつよくうけている（詳細は、西田長男「本居学の系譜再論」〔「国学院雑誌」六〇巻第七号所収〕、昭和三四年七月）。またこの時代の『覚』の冊子と、「日々動作勤記」なる礼拝メモによると、日次の敬礼と精進についてていねいにメモをしている。とくに後者にはまず「毎朝」として、天照皇太神宮（内宮）と豊由気皇太神宮をはじめ、天道日天子・故郷両産神天王・大正八幡大菩薩・天満大自在天神宮・故郷町内御山神・日本国中三千七百五十余座天神地祇八百万神などが列記され、報恩報謝の敬礼をなし、次に阿弥陀仏・釈迦仏に三礼して、今井田家の先祖等に祈請をこめた

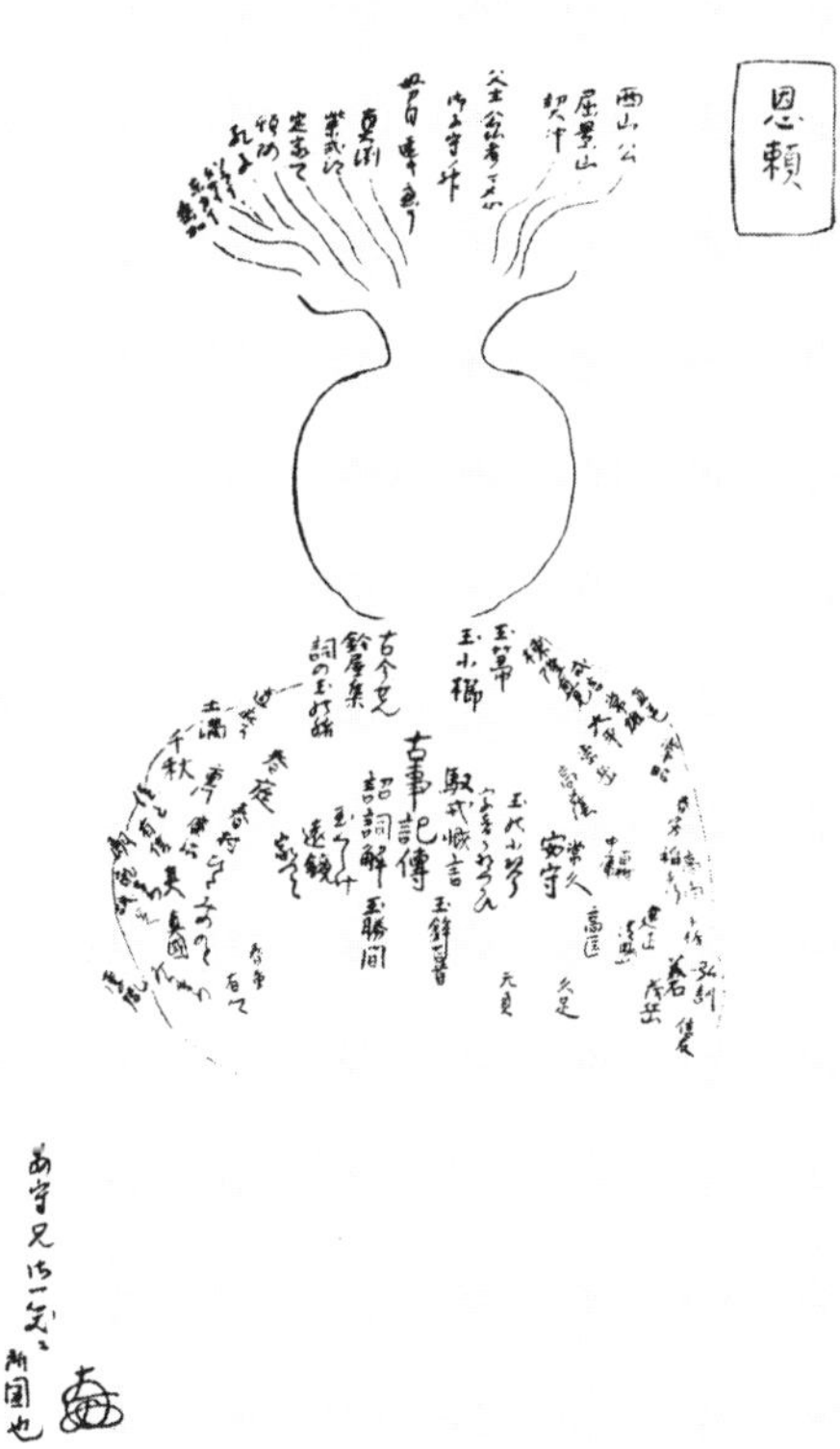

「清書恩頼図」（個人蔵）

のちに、今井田家の父母、故郷の母および兄弟の安穏を祈り、当時江戸にあった義兄小津三四右衛門定治の無病長命を祈っている。このような順序をみるにつけて宣長は、浄土信仰第一主義でないことがあきらかである。何より注目すべきことは、このころから伊勢皇太神宮や産土神（うぶすながみ）への関心がつよまったことである。日記によると、寛延元年（一七四八）一一月二一日、今井田の養父にしたがって参宮したのをはじめとして、その後の二年間に、何と二〇数回にも及んでいることはこれをうらづける。かくのごとく宣長は祈ること、参詣することによって神信仰の体験を深め、それによって単なる世上の知識人のごとく文字のみを学ぶ学者でなくなっていく基盤形成に努めたのである。

今井田養子と人間形成

❖今井田養子一件

本居宣長の人間形成上の一大転機として今井田養子の一件はきわめて大きい。日記によると「寛延元、山田ノ住今井田氏之養子ト為ル」としるされ、その後の割註には「七月事定ル。九月五日印ヲ受ル。同七日夜之ヲ披キ祝フ……十一月十四日今井田氏ニ移ル也。同二年己巳六月十五日辛卯日、始テ別宅ニ移り、紙商賈ヲ始ム」とある。この縁談は松阪の豪商家城惣兵衛の口ききで、媒酌人は小津家の支配人松阪在山室山村の井田六郎右衛門がつとめた。後年宣長自ら『家のむかし物語』の中で「寛延元年二月には、ある人の子になりて、山田にゆきて、二年あまり有しが、わが思ふ心にかなはぬ事有しによりて、同三年、離縁してかへりぬ」と述懐している。

すでに宣長は、父の死後、伯父などの支援で江戸へ出て商人の見習をしたが、あまりその向きでないことを自らも悟っていた。そうした人間であったから、おそらく宣長は商人となることがどうもうまくいかなかったので、書をよむことに専念した。そのあたりのことを「わが思ふ心にかなはぬ事有しによりて」と表現し、ついには離縁しなければならなくなったのであるまいか。しかしこの事は決してスムーズに摩擦をおこさずにいったのではない。

それは宣長の生まれた小津家は先祖代々の商家であった。当時の社会的ならわしからいっても、彼自身の家の事情からいっても商人として身を立てるのが当然であった。それにもかかわらず二〇歳の寛延二年（一七四九）には和歌を志し、ねがう心を満たそうとつとめ、山田の宗安寺の法幢和尚について和歌の添削をうけはじめ、九月二二日には俳名を華風と号して俳諧に熱中している。また正住院住持を師としてえらび、『易経』『詩経』『書経』『礼記』などの漢籍の素読につとめている。これでは商家の今井田家との間がうまくいくわけがなかった。したがって日記にも商業の記録はない。

宣長には今井田時代の毎朝の行にあるように、義兄定治がいた。これは祖父三四衛門定治の意志で父定利の養嗣子ときめられていた。宗五郎定治は宣長が生まれると直ちに小津本家の嗣を辞退して、独立店をつくったが、律義な父定利はこれをゆるさなかった。そして遺言書をつくってまで、定治の相続をきめた。元文三、五年（一七三八、四〇）は、松阪——伊勢商人に倒産があいついだ。その中で、その危機回避につとめた定利は、志をえないままに江戸滞在中にこの世を去った。このあとをうけたのは遺言書通り定治であった。

定利は、妻お勝への書翰の中で「子供をそだて、御先祖跡相続致候様に」とかきおくった。この言葉にはげまされて、お勝は水分神社の申し子宣長の成長に深い関心をよせ、将来について考えたのであった。しかし、宣長は道休のつくった大伝馬町の店の見習い中にも、読書をして、伯父よりその方向に適しないとレッテルをはられていた。その上に今井田養子での不縁は、宣長を己の好む方向にしたがって大きく翼をはばたかせる以外に、子を生かす道はないとお勝は考えたのである。

今井田家の人びとに対してはもとより、夫からも、子の行末をあずけられているお勝は、「〇一一月一〇日、松阪へ行、〇一二月、今井田氏離縁」に至るまでの間、かなりの時間があるように、トラブルがあったのではなかろうか。それにもかかわらず勘当することもなくそれをうけいれたのは、母の大きな愛情であったにちがいない。多くのことをかきしるしている宣長も、そのさいの経緯についてはあまり語ろうとせず、母の愛とのみしるしている。

しかしこの語られざるこの前後の体験こそ宣長の人間形成に大きな影響をあたえていると考える。ここで重要なことは、大切なことが記録に残されるとは限らないということではあるまいか。ただ母お勝のはからいで、というだけをくりかえすだけで、自分の意志さえ具体的にかくことは終生なかった。ここに秘められているものこそ、宣長の青春の意志ではなかろうか。

本居復姓の精神的意義

❖本居復姓の契機

本居宣長は幼名を富之助といい、元文五年（一七四〇）一一歳の時に弥四郎と改め、翌年には実名を「栄貞（よしさだ）（のち、ながさだ）」と称した。この小津弥四郎栄貞は、宝暦二年（一七五二）三月、医学の勉強のために上京するとまもなく、『在京日記』宝暦二年三月一六日の条によると、その姓を「本居」と改めている。時期が時期だけにこの改姓のもつ意味は大きいのではないかと考える。その場合なぜ商家の屋号小津の名をすてて、武家の姓たる本居の姓に戻ったかということに関心をもたざるをえない。それは宣長が、商家をすてて他に生活する道を選ぶことになった決意を表明するためとも考えられる。

『家のむかし物語』によると、本居家は、平氏の流れをくむ本居県判官平建郷を祖とし、四代目の左馬助直武から八世代にわたって伊勢国司北畠家に仕えた武士の家柄であった。その八世代目武利の時に一志（いちし）郡大阿坂（おおあざか）村に住み、その子武連の時には織田氏にほろぼされてしまった。

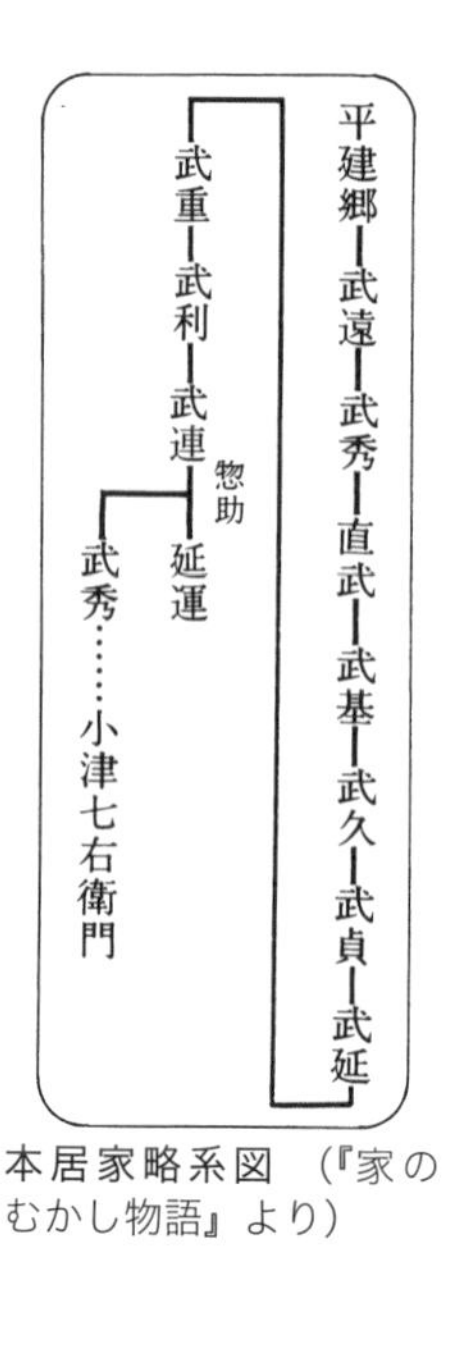

本居家略系図（『家のむかし物語』より）

> その子武秀の時には浪人となったが、天正一二年（一五八四）には豊臣秀吉の命令で蒲生氏郷が一志郡松が嶋城に移った時に、家臣として召しかかえられ、この城が飯高郡四五百の森に移り、松阪城とよばれている。そこに移った云々

とあるように、由緒正しい武家の家であった。それが後、武秀の妻が一志郡小津村の油屋源右衛門の家に厄介となって以来小津村との関係より小津姓を名のることとなった。源右衛門が松阪に移ったので、それにしたがって松阪へ移った。以来小津家と称した。

こうした家名をわざわざ本居姓に帰したのは本居宣長自身である。もちろんかかる本居姓の使用例は、それより以前からあった。延享四年、寛延元年・四年、宝暦元年とその手記に自ら「本居栄貞」と署名している。そのことは、本居復姓が前述したことのみに起因するものでないことの表明ともいえる。

そのことは宣長が小津姓をやめ、本居姓の旧号を用いたのは血縁的には絶えている本居の血統を復活させることによって、先祖の名をはずかしめるな、との母・伯父の言に対し、その方法が、浄土信仰にまめな家の祖先崇拝にあわせて、商家をいとなむことのみがその道でないこと、いいかえると先祖との出合いを系譜の中に求め、古へにさかのぼらせることによって、蛙

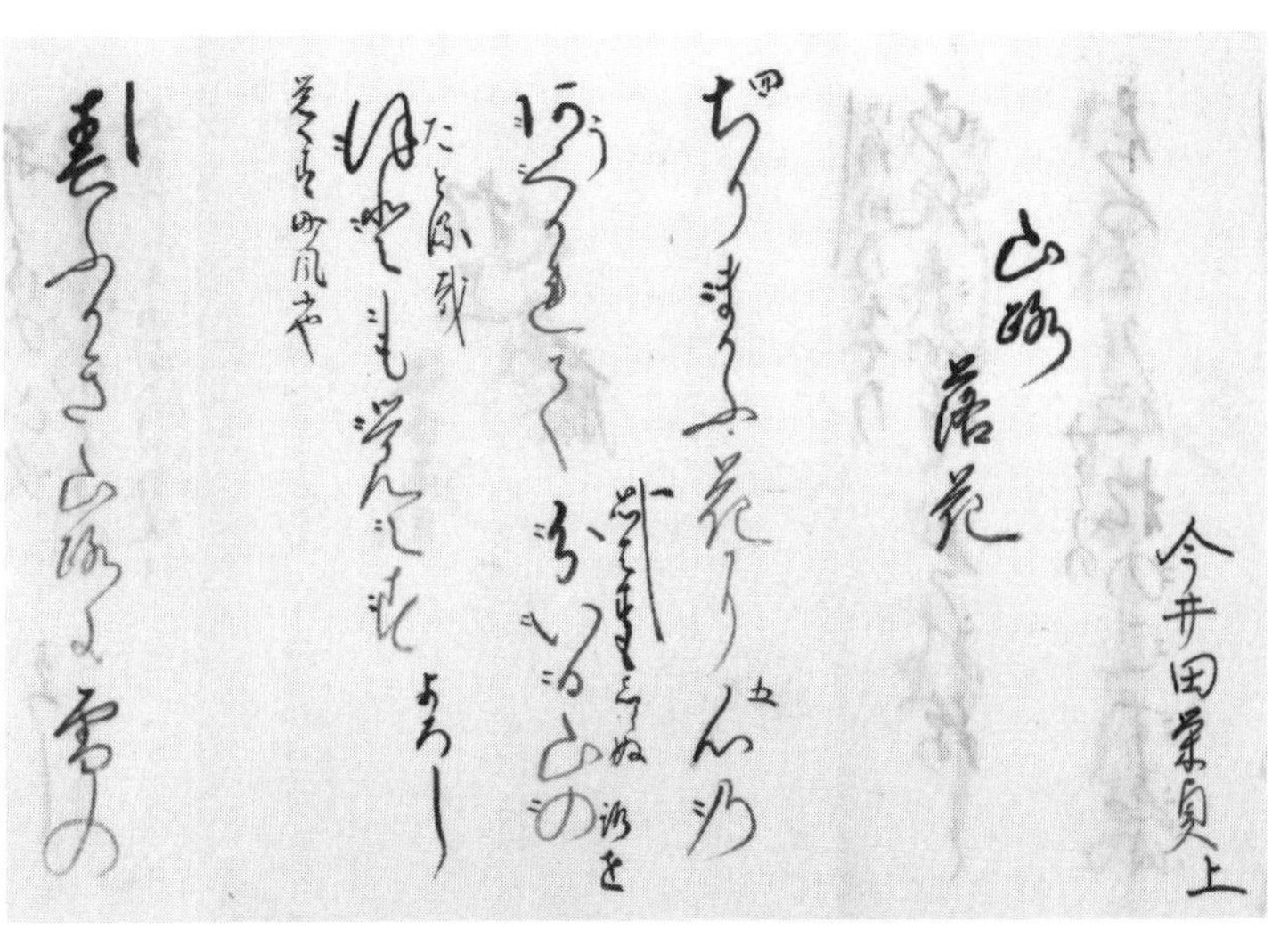

宗安寺法幢和尚添削の詠草　（本居宣長記念館蔵）

の子は蛙というような意識をとりのぞこうと考え、まめやかなることの意味をかえようと努めたのではあるまいか。いいかえると、何にまめやかなるかを考えたところに、宣長の強靭（きょうじん）な思考があったといえないだろうか。

すでに一五歳のころよりさまざまな系譜をあつめ、それをしらべることに興味をもち、このことに異常な執心をもっていたことは、自分の中に育ちつつある、好めるものを正当化する手段を探求していたのである。そのためにはわが家に伝わる一ひら二ひらの古文書といえども、自分のために生かしたいとの衝動にかられていたのではあるまいか。

❖本居武秀の遺志

それが寛永（かんえい）一五年（一六三八）小津家初代道印の問いに対してこたえた長五郎の語りをしるした文書で

あった。それによって本居武秀の遺志を見出したのである。これは宣長にとって正統性の根拠となった。なき父の遺言以上に力のある先祖の遺訓となった。宣長は今井田以来、つねに祖先へ関心をもちつづけていた。これは自分がわがままなばかりに自分の好みに生きるのではないということを何らかの形で証明したかったのである。これこそが先祖のこころにむくいるためのものであって、家に反逆したり、異端の子となるのではないということにくるしんだのである。

このような内面的葛藤の深さをぬきにしては後年、宣長が新しい学問をつくった理由もわからないのではあるまいか。

それにもかかわらず表向きには、こうした自己のくるしみはふせて、『家のむかし物語』の中では、恵勝大姉のはからいとのべ、また後年書かれた『玉かつま』の中では、

かくてはたちあまりなりしほど、学問しにとて、京になんのぼりける、さるに十一のとし、父におくれしにあはせて、江戸にありし、家のなりはひをさへに、うしなひたりしほどにて、母なりし人のおもむけにて、くすしのわざをならひ、又そのために、よのつねの儒学をもせむとてなりけり。

とあるように、内心において母の力を大いに評価している。それであればあるほど小津家の面目にかけても本居復姓をしなければならなかったのである。

したがって、それを宣長は町人学者であると考えてはいけない理由にするとか、さらに逆にむげにいやしきすじに非ざるとか、あきうどのすじをはなれてなどを強調して、武士を強調することもどうかと思う。前述したように、もっと精神的意味の深さを追求されることをのぞみたい。それはともかく宝暦三年（一七五三）二四歳の八月に通称を健蔵と改め、頭髪をのばして、医者風の総髪に改めた。同一一月には号を芝蘭と称した。ついで宝暦五年（一七五五）三月三日には諱（いみな）を宣長、字（あざな）を春庵とし、蕣庵・舜庵ともかき、春庵を通称とした。そして十徳（衣服の一種）を着用、脇差（わきざし）を帯するに至った。その年三月二二日付の母お勝からの書翰によると、「そもじ殿事いよ〳〵いしや相続の心がけにて、名も御改、十徳、節供より着申され候由、めでたく悦び申候」と喜悦の情があらわされている。

本居学の学問的系譜

❖「恩頼図」の背景

本居宣長の学問の系譜を考えるとき、本居大平が殿村安守あてにおくった『恩頼図』を無視することはできない。その中央に記されているのは、吉野水分神社の「御子守ノ神」である。これは前述したごとく宣長が吉野水分の申し子といわれていたためである。父主念仏者ノマメ心も前述した通りである。紫式部・定家卿・頓阿は文学の上でのものであり、孔子は儒教、ソライ・タサイ・東カイは日本的儒教の中での古学者で、荻生徂徠・太宰春台・伊藤東涯をさしている。また垂加は村田元次・全次がそれにつながりをもっている。久世兼由の『松坂権輿雑集』によると「七代元次子孫孫兵衛実名全次、右元固逼塞故別宅にて名相続の京都浅見重次郎門弟にて儒道を講ず」とある。したがってあきらかに母方村田全次父子より垂加神道が本居宣長に影響を与えている。本居宣長や村田全次の菩提寺は樹敬寺であり、京都より帰ったのち歌会を開いた嶺松院は樹敬寺の塔頭といっている。ともに松阪のおこりの家であった。母

吉野水分神社　（kenji／PIXTA 写真提供）

方の村田元次や全次は家業の商業をつがず、渡会神道家や崎門の儒者になったのも学問好きであったためである。こうした背景と関係してか、本居宣長自身、万の学問に興味をもつにいたっている。それ故に友人岩崎栄令あての書翰の中でもいろいろなものに興味をもっていることがしめされ、もし蘭学に接することがあったら、彼も西洋医学の方向へすすんだかもしれない。彼みずからも風雅の事にしたがうのみともいっているくらいである。

本居宣長は幼少のころより読書が好きで和漢の書を手あたり次第によんでいる。加えてきわめて筆まめであった。またそれぞれの師について学習もしている。八歳のときには西村三郎兵衛より習字を、一二歳の正月には斎藤松菊より手習を、同七月より岸江元仲より四書と謡曲を学び、三輪・楊貴妃をはじめ三年間に五〇余番もならっている。一七歳のときには浜田瑞雪（祖父定治の先妻妙光大姉の生家浜田八郎兵衛の一族）より射術を、一七、八歳のときに和歌、ついで一九歳のときには山村吉右衛門（宣長の祖母寿光大姉の弟）に茶の湯、二〇歳のときには正住院住持について五経をはじめている。

こうした学習は学問人となるための素地づくりには力があったが、学問人としての方向を決定するほどの内容をもつものでは全くなかった。

❖学芸愛好の念

ただ宣長は学芸愛好の念がつよく、各方面に関心をもち、『徒然草』や『万葉集』の抄本やその他のものの写本につとめ、かなりの努力を重ねていたことだけは明白である。

○「新板天気見集」――奥書に寛保三癸亥稔九月廿四日
○「元祖円光大師御伝記」――浄土宗祖伝で同年十月七日筆写
○「神器伝授図――中国王統図」、延享元年九月朔日（一五歳）
○「中華歴代帝王国統相承図」――同年九月三日
○「職原抄支流」――同年九月四日書始、十月十四日終
◎「赤穂記＝義士討入談の聞書」――同年九月
◎「経籍＝書目抜萃」――延享二年二月十一日（一六歳）
○「本朝帝王御尊系並将軍家御系」――同年三月十三日

◎「松阪勝覧」――「延享二年三月二十六日小津真良」と跋文
○「禁裏以下公家」――同年三月廿八日

右のうち◎点は自筆編集記述に属し、その他は写本である（山田勘蔵『本居宣長小伝』松阪市教育委員会、昭和四三年五月、五頁）。

以上のごとき書をよみ写すことによって、宣長はその学問的実力をたくわえている。

ただここで注目しなければならないのは、「十七、八なりしほどより、歌よまゝほしく思ふ心出できて始めけるを……」（『玉かつま』）とあるように、しだいに和歌にはいっていきはじめている。

その中で和歌だけは『和歌のうら』をはじめ、晩年の著『玉かつま』の中で「十七、八歳なりしほどより、歌よまゝほしく思ふ心いできて、よみはじめけるを、それは師にしたがひてまなべるにもあらず、人に見することなどもせず、ただひとりよみ出るばかりなりき。集どもも、古きちかきこれからと見て、かたのごとく今の世のよみざまなりき」と記されているように、国文研究の端緒になっている。

すでに樹敬寺塔頭の嶺松院歌会は、住職茂鮮の紹介もあって、親族が会員中に、村田孫肋元次、村田孫兵衛全次、小津清兵衛、小津六平など四人もいた関係もあって、享保一六年（一七三一）四月以来開かれていたこの会に参加して歌学に志すこととともなったのである。その成果

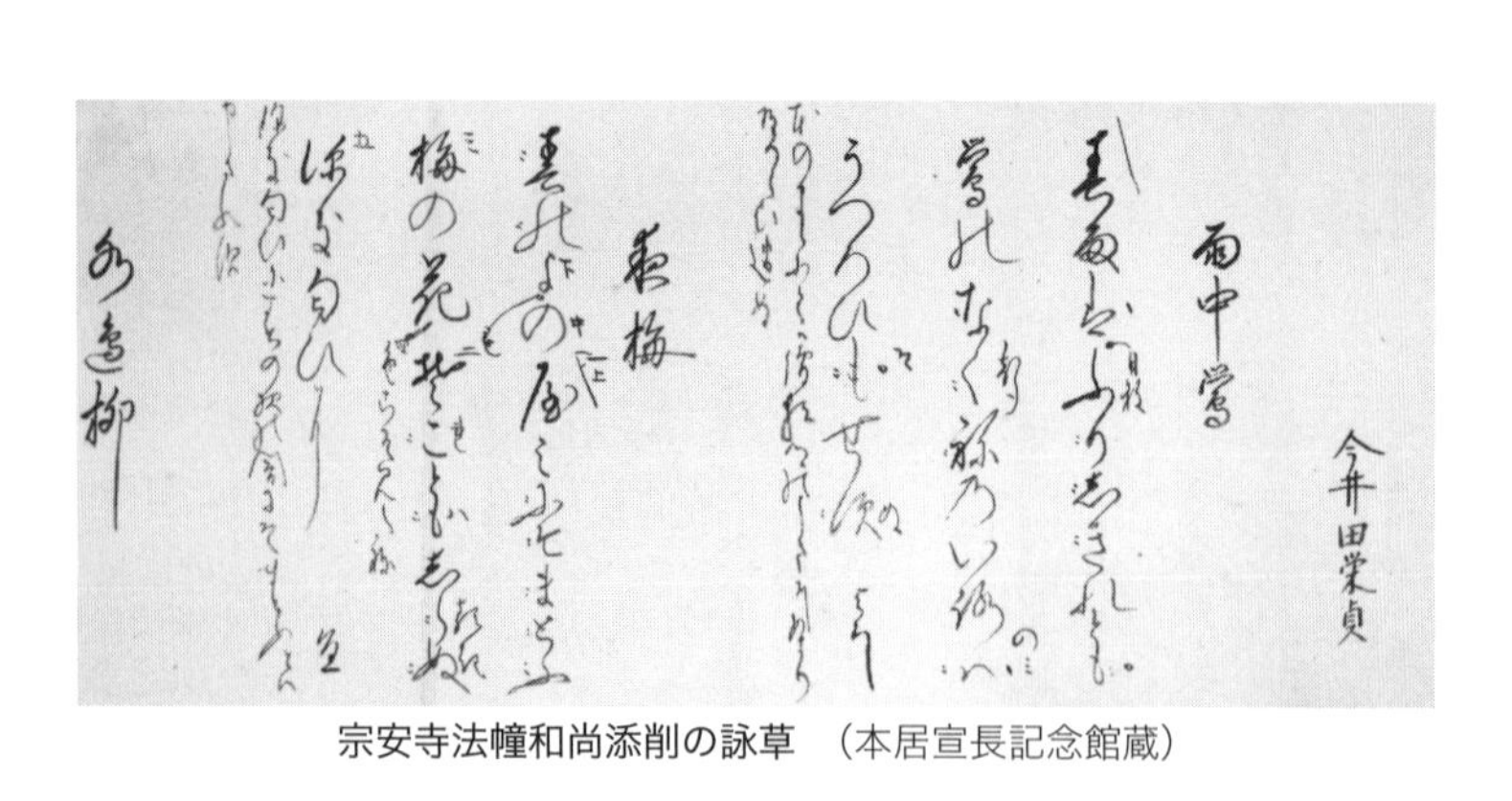

宗安寺法幢和尚添削の詠草　（本居宣長記念館蔵）

が最初の歌集『栄貞詠草』（寛延元年〜宝暦二年）に示されている。またその間に和歌についての諸説を抄録したのが『和歌のうら』であり、その一巻には「延享四年霜月中の四日筆を染」むとあり、今一冊には「万葉集抜書存和歌の浦」と題して「寛延元年、十・十五」とかいてある。したがって宣長が和歌に本格的に志したのは、今井田養子時代であったといえる。その師は浄土宗山田宗安寺の法幢（ほうとう）和尚である。このことからも宣長は今井田養子時代を転機に、商人より学問人の方向へとその志向をかえていったといえる。

　宣長は『家のむかし物語』で回想しているように、「跡つぐ弥四郎、あきなひのすぢにはうとくて、ただ書をよむことをのみこのめば、今より後、商人となるとも、事ゆかじ、又家の資も隠居家の店がおとろへぬれば、ゆくさきうしろめたし。もしかの店、事あらんには、われら何を以てか世をわたらん、かねてその心づかひせであるべからず、然れば弥四郎は、京にのぼりて学問をし、くすしにならむこそよからめ、とぞおぼしきおきて終へりける」とあるによっても、母のはからいで、京都へ遊学することとなったのである。このことは宣長がくりかえしのべていることによってもわかる。また宣長は『玉かつま』に「かくてはたちあまりなりしほど、学問しにとて、京になんのぼりける、さるは十一のとし父におくれしにあはせて、江戸にありし、家のなりはひをさへに、うしなひたりしほどにて、母なりし人のおもむけにて、くすしのわざをならひ、又そのために、よのつねの儒学もせむとてなりける」とあるように、自己の生きる道を探求して、京都へ出たのである。

弥四郎はそれに先立って宝暦元年二二歳で定治のあとをうけて家督を相続していた。弥四郎の好める道は、和歌や文学であったが、それでは家を相続することはできない。そのために生計のために医と儒を学んで家を成り立つようにせねばならぬと悟らされて、宝暦二年（一七五二）三月五日に、松阪をたって、七日には京都柳ノ馬場三保北町の木地屋村田伊兵衛の店におちついたのである。

この村田伊兵衛は宣長の外祖父村田豊商の祖父与次兵衛の弟村田十郎兵衛の子孫であった。三月一六日には阿波藩士藤堂藤俊の紹介で綾小路室町西町南方の堀景山（一六八八～一七五七）に対面、入門の挨拶をし、本居の姓に復姓している。こうした時期における復姓を考えると、宣長の新生の意気込みをよみとることができる。そしてその三月一九日以後堀家に寄寓した。以来二年七か月の間、堀景山のもとで勉学をし、景山およびその嗣子蘭沢（禎治）について教えを乞うている。

荻生徂徠　（金沢大学附属図書館蔵）

❖堀景山と宣長

堀景山は堀立庵の子で、諱は正超、字は君燕、彦昭といい、俗称禎助ともいい、林道春の門人（正確には藤原惺窩門のあやまり）堀正意の子孫で、父を蘭皐（玄達）といい、代々芸州侯の儒官でもっぱら京都にすみ、禄二〇〇石のいわゆる朱子学者であったが、学問的には柔軟な人であった。号は景山とも乗山ともいった。荻生徂徠（一六六六〜一七二八）と交りがあり、資性きわめて温和で研究心にとむ人柄であった。

著述としては『詩文制式』二巻、『不尽言』四巻（「日本経済叢書」所収）、『幣の錦』一巻、『景山筆記』六巻、『景山文集』一〇巻を数えることができる。この堀塾では宣長はもっぱら漢籍を学び、医学修業への基礎づくりにつとめた。素読としては、五経、会読としては『史記』『晋書』『世説新語』『蒙求』『左伝』『歴史』『通鑑』『揚子方言』『前漢書』『荘子』『南史』『荀子』『列子』『武経七書』『文選』、講釈としては『左伝』『易経啓蒙』を習った。

この間上京まもなく、景山は契沖（一六四〇〜一七〇一）門人の今井似閑門の樋口宗武と交りがあったため契沖の『百人一首改観抄』をもっていたので、宣長はこれを借覧する機会を得た（この点ははっきりしてはいないが）。一か月たったころには『勢語臆断』を抄出しはじめ、ひきつづいて『古今余材抄』『万葉代匠記』などを学んで、木瀬三之、下河辺長流、契沖などの初期国学の継承につとめることとなった。

宣長が契沖の著書に接したのは、以上のことからも確実なのは『勢語臆断』の抄出までさかのぼることができることだけは明らかになった。宝暦四年（一七五四）五月から景山の門人でもある武川幸順のもとに移って医学を学んだが、それからのちも景山と宣長の交渉はおわっていない。

景山は前述のごとく徂徠とも交渉があったので、そのすすめもあって宣長は徂徠学とも接触した。京都遊学中の抄録で宝暦五年（一七五五）ごろのものと考えられる本居宣長の随筆の中には、徂徠の『答問書』『論語徴』『蘐園談餘』『蘐園随筆』『弁道』『弁名』からの抄録をみることができる。

景山が詩文に秀いでていたためか、その影響をうけて、宣長も宝暦六年（一七五六）のものとされる随筆四、群書摘抄中に徂徠集のものが収められていることから、本居宣長が徂徠の著書に接触していたことはたしかである。

宣長が徂徠の著書のなかから抄録したものは詩歌論に限られていて、詩は情操を育むものと

宣長の「在京日記」（本居宣長記念館蔵）

考えていた点からみると、宣長にとって徂徠は、朱子学一派の道学的見解打破の武器として使用される存在であった。

徂徠の神道論が古神道尊重で、祭政一致の祭礼で人智の及ばざる霊妙不可思議なものとしていたことなどの影響さえ、宣長はうけていると考えることができる。このことは異国本朝の神聖の道はことごとく揆（き）を一（いっ）にしているともいっていることから推測できる。

宣長は、京都遊学中、景山の門下の友人と応答した漢文の著作を残しているが、それらの中で、和歌の情語なるをいい、さらに自然之神道とといていることから、その言い方は全く徂徠のもののいい方と同じである。

したがってその意味では、村岡典嗣（むらおかつねつぐ）（一八八四〜一九四六）や丸山真男（まるやままさお）が指摘するように、宣長学の形成に、徂徠学が果たした役割はことのほかに大きいものがある。その意味でとくに堀景山との関連をつよく考えてみなければならない。

掘景山の学問的実力はそれほどのものと考えていないが、その著『不尽言』をみると、少なくとも『枕草子』『古今集序』『風雅集序』『八雲御抄』『愚問賢注』『万葉集』などを引用し参照している。

中でも万葉学者としては多少の素養をもっていたのである。とくに詩経に通じていたので、『万葉集』の字義と語勢をあきらかにしようとするところがあった。したがって一般的な儒者と異なって、恣意的(しいてき)にものを解しようとするのではなく、文献学的方法で学問をとこうと努力するものをもっていた。

詩ハ三百篇アレドモ、一々皆人ノ思無レ邪ヲヨク発出シタルモノニシテ、人ノ実情ノスグニアラハレタルモノナリトノ玉ヘルコトナルベシ。和歌ノ道モ此トホリニ少シモカハルコトナキモノ、只唐ト大和ト人ノ語言ノチガヒタルバカリニテ、共ニ人ノ思無レ邪ニナルトコロヨリ発出セルモノナリ。

とのべている。

それにもかかわらず宣長が景山にしたがって、『万葉集』を学ぶために、僧契沖の『万葉代匠記』をよんだのである。景山の『万葉集』の校正本にヒントをうけている。また景山の所蔵

の『日本紀』というものの伝与をうけ、本居宣長は在京中に契沖の書をよみ

宝暦二年五月一二日――『勢語臆断』抄出
同　年一一月二一日――『枕詞鈔』書写
同　六年一二月――『改観抄』購求
同　七年五月九日――『代匠記』抄出
同　年一二月――『余材抄本文』写

などを抄出、書写しながら、僧契沖の学問を学習しはじめたのである。

❖京都遊学中の宣長

また和歌についても、本居宣長は京都遊学中の宝暦二年七月には、冷泉為村の門人新玉津島社司森河章尹について学び、その新玉津島の歌会に出席している。また宝暦六年正月六日には有賀長川の月次歌会に出て、その門に入門して学んでいる。かねてから好みとしていた国文・古学にもおおいに力をそそいでいる。

同門にも地方より出て来た秀才が多く、たがいに切磋琢磨しあった。また毎年、四季の洛中・洛外に行楽をともにし、春は東山の花をながめて歌会を催し、夏は四条河原に夕涼みをたのしみ、大文字の火を見、秋には中秋の名月をながめ三尾（高尾・栂尾・槙尾）の紅葉狩をた

のしみ、神社仏閣をくまなくたずね、伏見・大津・石山までも足をのばした友もいた。
また歌会だけでなく詩会にも出ており、歌舞伎はもっともこのみ、四条に観劇に出かけ狂言を喜び、酒席にも列席し、酒も相当いける方でもあった。また乗馬の稽古に梅宮にいき、小栗栖の観梅、禁裏の御能をみたりしている。こうした行動をともにしたのは景山の子の蘭沢と藤重藤伯、岩崎栄令、岩崎栄良、田中允斎、山田孟明、清水吉太郎、上柳藤五郎、草深玄周、岡本幸俊らの友人であった。

とりわけ清水吉太郎は、宣長との交友情誼は格別なものであり、行楽を共にする機会が多かったようである。宣長はたばこを愛し、酒をのむと放言して、予は将来必ず学問をもって名をなす決心であるといい、もしこれで天下に名をなさないようであったら、君たちと再び相見えないと大言壮語したといわれる。

❖「私有自楽」の立場

そうした中で、宣長は一つの立場を発見した。それは、儒学としての道は、天下国家を治め、民を安んずる道だと自負し、「私有自楽」することにはないといったのに対し、宣長は、われわれには治むべき国も安んずべき民もない、せいぜい己が身を修むることが必要な身上なのに、どうして治める道などを求める必要があるのかといいながら、あるものは私有自楽の立場のみだといっている。

　こうした立場の確立に当たって宣長の京都の遊学生活は大きな役割を果たしている。その生活は、いつも具体的な形で村田清兵衛より母お勝に伝えられていた。宣長の遊学のために経済的な苦労をかけていた母からの手紙によるいましめのもととなった。

　ときには母はその一族七左衛門より利子付の金子をかりてまで送金したので、その心づかいをつたえている。できるだけそうしたことで心配をかけないようにつとめ安心して修学できるように心がけている。

　こうした苦労は次第に宣長にもつたわり、村田清兵衛にあずけた金も底をついてきたことを知るにおよんで宣長は、修業第一に心がけ、修学につとめるに至ったのである。母は宣長が大酒でたばこのみであったので、特に酒を心配して、宣長をいましめ、からだは生まれつきつよくない方であるから大酒で身体をいためないようにと戒めている。風邪(かぜ)ひかぬよう、寝冷えせぬよう、食事に注意するようにとの、母の教えは、「外の義に心うつし不レ申ただ〱一筋に医学修業専一にせよ」との教えとともに宣長の心にやきついた。

❖宣長の医業の基礎

　こうした激励によって宣長は五年四か月の修業を無事おえて、宝暦七年（一七五七）一〇月三日に京をたって一〇月六日松阪魚町に帰り、直ちに小児科の医者を開業の準備にかかり、それには母自らつとめ、一月一日には皇太神宮に参詣して、京都遊学の報告をしている。

宣長は医者の業に対しては、『家のむかし物語』の中で、「医のわざをもて産とすることは、いとつたなく、こゝろぎたなくして、ますらをのほいにもあらねども、おのれいさぎよからんとて、親先祖のあとを、心ともてそこなはんは、いよ〳〵道の意にあらず、力の及ばむかぎりは、産業をまめやかにつとめて、家をおさめず、おとさざらんやうをはかるべきものぞ、これのりながこゝろ也」といい、医の業をなすのも道のためであるという。

堀元厚（げんこう）といい、武川幸順（たけがわこうじゅん）（一七二五〜八〇）ともに、宣長の医学に影響を与えたのは、後藤昆山（こんざん）を医祖とする後藤流という漢方医学であった。昆山は独学で医学の一派をつくった人であった。もとは医師は頭を坊主にしていたが、後藤昆山は蓄髪（ちくはつ）の風をとったので、宣長も蓄髪の風を学んでいる。

彼は山脇東洋（やまわきとうよう）流の医は嫌いであった。宣長は医においては漢方医を尊重し、蘭方（らんぽう）をきらった。これは天然の摂理に順応して自然力によってなおす漢方の療法を主張した。本居宣長は精力の盛衰によって病気は発するものと考え、病をなおすのには元気を養い、精力を順調に保っていくことこそ保健衛生のもとで精力が身体にみちみつことこそ病をなおす方法であると考えていたのである。

宣長は、宝暦三年（一七五三）七月に堀元厚に入門して以来本格的に医学を学び、とくに『霊樞』『局方発揮』『素問』『運気論』などの講読を得ている。堀元厚死後の宝暦四年五月からは武川幸順について、『本草綱目』『嬰童百聞』『千金方』を会読して、小児科医の基礎を学んでいる。そして宝暦五年三月三日になって、諱を宣長、字を春庵と改めて、十徳を着用して、文字通り医者として体裁をととのえたのである。

❖宣長の青春と母

以上のようにみることができるとすれば、本居宣長の名は、医師として出発した名といえる。しかしここまで宣長自身が到達するのには、彼自身の自己意識の形成のためにさまざまなくるしみを味わったのであろう。たしかに酒・たばこをのんで、そうしたことをつつしむべき浄土信仰のあつい家にそむき、御先祖様の跡にも反逆もした。また今井田養子も離縁になって、家にも迷惑をかけた。さらに「外の義」に心を動かしもした。したがって宣長の青春は決して平坦な道を歩んでもいない。それをわれわれは『家のむかし物語』・『玉かつま』にかかれているような回想を手だてとして復原するだけならば、前述したように「母なりし人のおもむけにて」とか「恵勝大姉のはからいにて」という壁にて、その自己意識の内容をこばまれてしまうであろう。

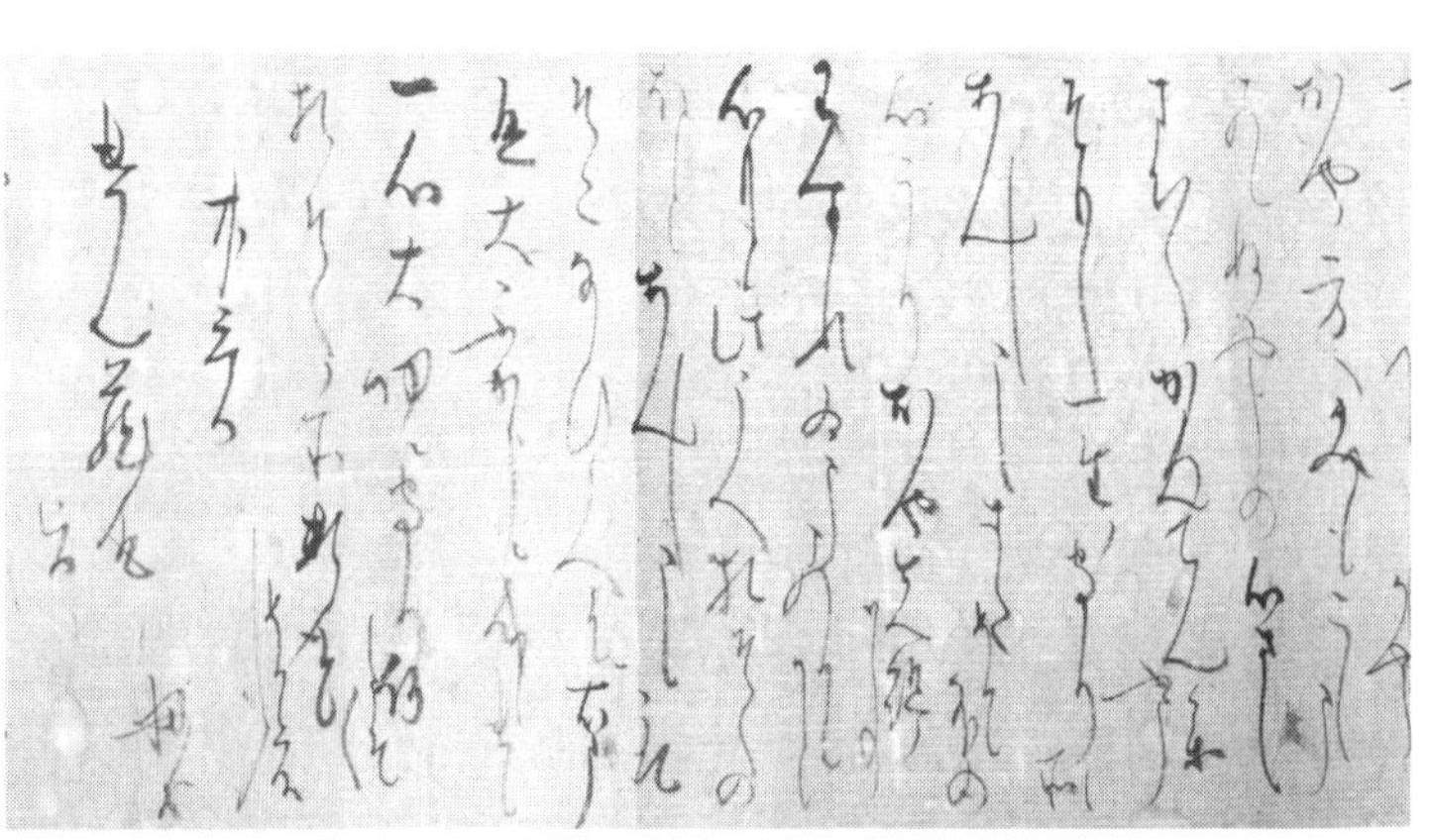

宣長への母お勝の手紙　（本居宣長記念館蔵）

いいかえると本居宣長は、母お勝の手に負える「青春」をおくった人ではないということ、それほどに彼は、自分は何をもって生きようか、生きるための手段は何か、そして自分を真に活かすためのものは何かということについて必死に考えた人である。その意味で宣長にとって、京都遊学の五年七か月の月日は有効であったのではなかろうか。

酒をのみ、たばこを吸うのも決して浄土信仰から離れたことを意味していない。しかしそれにもかかわらず、一九歳のときには、

南によりもただ有難し本願をふかく頼みて浅く思ふ雨
無始よりも造し罪のことごとく消るは頭陀の誓成ら無

とうたい、宝暦元年（一七五一）、二二歳のときには

みづからの力をよはぬ末の世に誰かは頭陀を頼まさるへき
西へ行しるへの御名のなかりせはいつ迄六の道にまよはむ

とあるように、真摯な浄土信仰の持ち主であったのである。

この浄土信仰が基礎になって、『源氏物語』に仏教に関連する記事の多いことを見出すこともできたのであった。

仏の道は、深く人情を感動せしむるものにて、智者も愚者も此道には心をかたぶくるもの也。ことにわが国は、いにしへより世の憂き事あるときは、必ずかたちをやつし、此道に入ること、世間普通の風儀人情也。さるからに此道につきては、もののあはれ深き事多し（『紫文要領』）。

などはそのあらわれである。それとともに本居宣長の松阪の家の仏壇の大きさにもこれを示していたのである。

しかしこのようにとくと、本居宣長は浄土信仰に生きた松阪の商人の子であり、それが彼の内面性をつちかったと多くの人に理解されることとなる。そうした場合、宣長の神道思想を育成したと考えられる村田元次、全次の学問そのものの比重が甚だしく価値のないものになったり、影響力のない小さい存在となってしまうのである。

❖垂加神道と宣長

とくに村田元次は、度会郡山田の出口延経の門弟として神道を講じた人でもあった。しかもかかる人の遺書を宣長は引きうけていたから読書癖のあった故に影響がなかったはずは全くない。子全次も浅見重次郎の門弟でもあったことからも、垂加神道を宣長に伝えたことはまちがいない。

村田元次の書いた『神系図』（正徳元年〔一七一一〕）は、その著作の目的が、わが国開闢以来、君臣上下の関係は定まっており、朝廷は神明の系統を伝えて、万世一系であることから、臣下は神代以来、世襲の職をついでいるとのべていることからも、わが国体を明らかにすることにあった。彼は度会神道家であったので、天御中主尊の外宮祭神説を奉じていた。ただこの考え方は、その影響をうけた本居宣長によって『伊勢二宮割竹弁』などにおいて、批判の対象にされている。たとえ宣長の精神形成の上においては、負の遺産しか投げかけていないとしても、神道論形成に力のあったことまで否定するのは問題があるのではあるまいか。これもあまりにも、本居宣長の精神形成を浄土信仰と関連づける人の多いのに対する頂門の一針となれば幸いである。

元次→全次→宣長へと世代の変遷は、度会神道→垂加神道→国学（復古神道）への変化と対応すると考えられるとすれば、こうした面からも宣長の精神形成を解くこころみが具体化してよいのではなかろうか。

そうした方向とともに、本居宣長は在京遊学中、宝暦六年（一七五六）正月一三日に禁裏を

京都御所　宣長と同時代の安永9年（1780）に刊行された『都名所図会』に掲載された図。右下の南門を入った所に，左近の桜，右近の橘が描かれている。宣長は宝暦6年（1756）1月13日に御所の修法を拝観している。

拝観して、

禁裏へまいりて、御修法の壇場をおがみ奉りける。いともかしこき紫宸殿にのぼり奉りて、おがみ奉ることいとおそろしき迄ぞおぼゆ、御修法の間は殿内みな壇場にかざられて、東寺よりつとめ奉る。賢聖の障子などもあざやかにはみへ侍らず。はづれはづれかけ物の間より見えたり。左右桜橘のうはりたるわたり、むかし覚へて、えもいはずたふとし。清涼殿のかたも見やられて、絵にかけるやうなり。内侍所のあたらしくきらゝかにたゝせ給へる、いとたふとく目もあやなり。それより日の御門を出て、此へまはりて、見奉り侍るに、去年の冬入内ありて、一条殿の女御のおはします室など見奉るに御門よりはじめて、見いれたる内のさま、いとうるはしく作りみがかれたり。それより公家門のまへにて、しばしやすらひ侍るに公卿殿上人（くぎょうてんじょうびと）、あまたまふのぼりまかんで給ふありさま、つれにめなれぬふぜい、いと殊勝にて、むかしのさかんなりし御代の大内のさま、おもひやられて、立こともわすれて、しばらくやすらひ侍りける。雲の上人の有さまは、ゆうにやさしくぞ、かへすがへす見奉る。

とあるように、宣長にとっては「むかしのさかんなりし御代」を回想するためのよすがでもあった。そして今に伝えられる美しさは、権勢美を示すものとは対照的なものとして、強く認識されたものと思われる。こうした思いこそ宣長の国体観形成の上に有効な働きをすることともなった。

徂徠学と宣長学

❖『排蘆小船』の成立

宣長が京都在学中末期の著述『排蘆小船』において「一縉紳先生アリ、曰ク、哥(歌)ハ吾国ノナラハセナレドモ、何トナク言モ女童ノヤウニテ、心モハカナクアダ〳〵シキモノ也。大丈夫ノワザニアラズ。コトニ恋ノ部ヲタテ、、ソノ歌多クシテイト淫靡ナルモノ也。……予答テ哥ヲ、ムカシヨリ国家ヲ治メ身ヲオサムルノ助也ト云ヨリ、カ、ル説モ出来ルナリ。政道ノタスケトシ、修身ノタメニセバ、詠歌ヨリ近キコトハナハダ多シ。何ゾ迂遠ノ倭哥ヲ待ムヤ。和歌ハモトサヤウノ道ニアラズ、只思フコトヲ程ヨク云ツヾクルマデノコト也。然シテ人間ノ思情ノウチ、色欲ヨリ切ナルハナシ、故ニ古来恋ノ歌尤多シ」といっている。こうした態度は、堀景山の『不尽言』や『楽教訳解』の影響をうけたものであった。

その点は、本居家に所蔵されている十数冊よりなる『本居宣長随筆』を分析した村岡典嗣の論文「徂徠学と宣長学との関係」(『日本思想史研究』〔第三〕所収、岩波書店)の中で徂徠の著書の抜書や堀景山の『不尽言』などとの関連にふれている。
堀景山の『不尽言』の中より「和歌ト云モノ本ハ詩ト同ジモノ」で「思無邪」の邪は「朱子が邪悪ノ心ト見タルハ味ナシ。邪ノ義ハ斜ナリ。心ノ思フ通リヲスグニヤラズ、内ニテ横スヂカヒヘ一思案シ、按排料理スルハ邪ナリ」ともいい、人間が「思フ通りヲ自然ニズツトマスグニ出テ、実情ヲ吐露シタ所ヲ無邪」ともいうともいって、それでこそ詩の本義に通ずるものともいっている。したがって和歌も人情を自然に吐露したものでなければならない。男女の恋情を歌うものが和歌の中で主となるのもそのためである。このようにみてくると、そうした自然にそむくものや、それに規制を加えるところの和歌の古今伝授は、後世の全くの作為でしかないといっている。このあとに「右以屈先生自筆不尽言抜書之者也」とかかれている。いろいろ検討すると、この抜書の作成は宝暦五年ごろと思われる。

また宣長は神道論に関するものを『蘐園談餘』の巻頭より引用している。それは「我国ノ神道ハ即モロコシノ神道ナリ」とのべて、それは「古ノ神道」と異なる点をあきらかにしている。それによって宣長は一歩「自然の神道」に近づいたともいえる。

これをうけたのが『排蘆小船』の「吾邦ノ大道ト云トキハ、自然ノ神道アリ」である。

宣長は以上のごとく徂徠の学問を評価している。したがってこうしたことは、近年茂卿の文に初めてみえることだとかいってその創見をたたえ、その発明のすぐれたことをみとめている。

このように考えた宣長にもかかわらず、後年『玉かつま』の中では「ある人の、古学を、儒の古文辞家の言にさそはれていできたる物なりといへるは、ひがごと也」といって、古学は「契沖はやくそのはしをひらけり。かの儒の古学といふことの始めなる、伊藤氏など契沖と大かた同じころといふうちに、契沖はいさゝか先だち、かれはおくれたり。荻生氏は、又おくれたり。いかでかかれにならへることあらむ」といっている。これはあきらかに宣長が、初期国学を継承しようとするあまり、ことさらに徂徠学をうとんじようとした姿勢と、漢意（からごころ）批判を定着化させようとすることのあらわれでしかなかったのである。またそのことは、相通ずるものがある故に力点のおき方如何によっては対極をなす考え方ともいえるのである。

❖『宣長随筆』の中より

随筆一一の中の一節に「吾邦ノ道ハ、カクノ如ク何事モ天照大神ノ御意ニマカセテ、少シモ後人ノイロフ事能ハザル道ナルユヘニ、其ヲ自然霊妙ノ神道ト云。異国ノ道ト、日ヲ同クシテ語ルベカラズ」ともかいている。これなどをみると、宣長が朱子学の合理主義に対する徂徠学の批判と反対をより徹底した型で、これを克服しようとしていた。そしてそれが中国中華観を否定した形での日本中心主義を打ち出すテコになっている。「唐土ハ理屈ヲ以テ議論」するけれども、日本は人情とか情趣・性情・人情というものを大切にするといういいかたは、そのやわらかな風儀をみとめることとは必ずしも一致しないけれども、先王之道でない、堯舜の道でもない、自然之神道、いいかえると古道を中心にすえた考えを主張していることとなる。

　しかも同じ随筆の中で本居宣長は「儒者ノ見識ニナラヒテ、今日ノ常理ヲ以テ、吾自然霊妙ノ神道ヲトカク論ズル神道ハ、愚ノ至リナリ。吾邦ノ道ハ、開闢ヨリ以来、万国ニスグレテ、言語道断人間ノ智ノハカリシルベカラザル所ノ霊妙奇異ナル所アルユヘニ神ト云也」とのべて、「今日ノ常理」にたつかぎり解くことのできるものではないといっている。それでもまだ「妙理」のごときものを打ち出して、古伝説絶対信仰を理由づけするようなことはしていない。

　ただ宣長は、この段階においてすら「唐土ハ、トカク革命ゴトニ、ソノ王者ノ心ニテ、天下ノ法ヲミナ改ムル事也。コレ、ソノ制度ノトリシマリナキユヘ也。吾邦ハ然ラズ。細小ナル事ドモハ、時ノ天子ノ御意ニモマカセ、異国ノ制ヲモマナビナドスル事モアリテ、改ムル事モアレド、天下ノ大法ハ改ムルト云事ナシ、タヾ自然ノ勢ニヨツテ、アラタマリユク事ナリ」ものべ、作為した革命運動などによって世をかえることはできないといい、むしろそれよりも、自然の勢によって世の中はしだいしだいに変革されていくといっている。このようにみてくると、宣長が尊重した自然の意味こそ追求されねばなるまい。

　その点は、『直毘霊』を中心にすえたところでくわしくふれることとして、ここではただ両者が大いに関係があることをのみ指摘しておくことでとめておきたい。

伊勢松阪の町人 本居宣長

❖松阪の町の姿

森壺仙『宝暦ばなし』には「寛保三年（一七四三）に生れて延享寛延の頃は漸く六、七歳、宝暦の始に至りて十歳に及び侍りしかば」とある。したがって宣長より一〇歳位わかい筆者が松阪の姿を書きしるしたものである。

西町に而始而御為替組出来、其祝とて松阪領役人衆振物在甚結構振物前代未聞之事、其節の為替組は須賀・小津・藤田・殿村・長井・村田也

とあるように、須賀伊兵衛、小津清左衛門、藤田適斎、殿村佐吾平、長井嘉左衛門、村田孫右衛門をさしている。

其頃江戸店持之方先あら方は西町には堀口、山村吉左衛門、岡本、堤、小津七郎次、本町には須賀、小津、小津源四郎、小の田、伊豆倉、岡本、三井、小津三四郎、山路、徳力、須賀九郎兵衛、長谷川両家、大手長谷川、紺屋町長谷川、須賀九兵衛、川口覚兵衛、津し

現在の松阪城趾　（松阪市　写真提供）

ま屋、中里両家、柳屋両家、長井元慎、殿村三軒、藤田、中條、中川両家、長井嘉左衛門、森田、清水、桜井、小津次郎左衛門、西村、浜田、村田伊三、川口弥兵衛、田中五左衛門、中村、長嶋、小津六平、

　長井与八

などである。そして本屋は、

　藪屋勘兵衛一軒也。

とあるが、柏屋兵助の名は出ていない。

❖松阪の商家の人々

　以上は松阪の商人をあげたものである。これらの商人層は『松阪おこり人』にあるように、たとえば藤田適斎のごとく「茶の昜を専となし後は普請をなし公家の住居になす」ような人もいたし、また加藤枝直、牧忠左衛門と和歌の友となり、安永二年には、本居宣長の門人となり、家の名を蛤庵と称した人もいる。

殿村佐吾平は、篠斎（じょうさい）といい、鈴屋門人である。彼は「同家七衛の家を合、地面を広げ高楼を建懸しに上より留られ其腹立に瓦町にて地面をかい其高どのを建かけしに是もさつと入スットひくふ立たり」（『松阪おこり人』）にあるような気性の人であるといわれる。

長井元恂（げんじゅん）は「学者に似合ざる人の妻女をたぶらかし甚不埒（はなはだふらち）なる人なれども、手を能書道具目利（めきき）能とて人々大きに用ひ殊にかかを盗まれし亭主は合点で道具の市をもくろみ目利者となして何角利うんを得たり」（同上）といい、古書画の愛好家となっている。

本居宣長は後年『玉かつま』の中で、伊勢国にふれ、伊勢平野は広くて豊かで、都市が発達し、海産物、農産物ともに豊富で、気候もよく、交通も便利で、地味もこえ、山田、安濃津（あのつ）、松阪、桑名さらに四日市、白子（しろこ）などが栄えているとのべている。ついで松阪については、

松坂は、ことによき里にて、里の広き事は山田につぎたれど、富める家おほく、江戸に店といふ物をかまへおきて、手代といふものを多くあらせて、商ひせさせて、あるじは国にのみ居て遊びをり、うはべはさしもあらで、うち〳〵はいたく豊かにおごりてわたる。……山へは大方一里あまり、海へは半里あまり。諸国のたよりよし。ことに京江戸大坂は便りよし。諸国の人の入りくる国なれば、いづこへも〳〵便りよし。人の心はよくもあらず、おごりてまことすくなし。人のかたち、男も女も田舎びたることさらになくよろし。女は里の豊かににぎはゝしきまゝに、すがたよそひよし。すべてをさ〳〵京に劣れること

本居宣長旧宅　（本居宣長記念館 写真提供）

> なし。

とかきしるしているほどである。また、

> いわゆる呉服物、小間物のたぐひ、松坂はよき品を用ひて、山田、津などとはこよなく代物よし。されば商人の京より仕入るゝも、松坂はことに物よく、上々の品なり。京のあき人つねに来かよふなり。時々のはやり物もをり過さず、諸芸は所がらに合せては、よきこともあらず。もろゝの細工いと上手なり。あきなひごとにぎはゝし、芝居、見せ物、神社、仏閣すべてにぎはゝし……（『玉かつま』）。

とある。これによると松阪は京都風のみやびやかであか抜けした町であることがわかる。

しかも宣長が一二歳まで住んでいた本町は宝暦二年（一七五二）の記述によると「近郷より毛綿を買い、関東に運送する屋多し。但惣町中より諸国之運送毛綿凡八万端、年によりては十万端」（『松坂権輿（けんよ）雑集』）とあるくらいである。そして諸屋ことごとく暖簾を用いている。こうした町に育った本居宣長が、「みやび」を生涯かけて追求したのは、松阪の精神風土によるところが大きい。その上に宣長は、京都遊学より帰郷して医を開業した後は、この町を中心に活動をつづけた。とくに檀那寺樹敬寺の塔頭嶺松院で開かれていた歌会には、宣長はすすんで参加し、会員となった（宝暦八年〔一七五八〕二月には入会出席し、歌会に参加している）。

やがて彼は、この同人サロンのごとき歌会の会員の発起によって、同年六月より講莚を開くこととなった。それは『源氏物語湖月抄』からはじめられた。ここに参加した人が、鈴屋の初期門人となったのである。これらの人びとは本居宣長より年輩の人ばかりであったし、歌歴も古い人ばかりであった。それにもかかわらず京都帰りの若き学問人本居宣長の講莚につながったのは、これらの人が、文雅の道を愛する人ばかりであったことによる。

その上に松阪の地は、浜口宗有・荒木冬丸・向井宗哲・加藤枝直・青木安貞・小島修南・赤須真人・小泉見庵のような文化人を生んでいる。これも松阪が城下町であったところでもあり、その町より伊勢商人としての富祐な商人を生み出し、神道・国学・歌学の方面で活躍するという文化的土壌を育成していた。しかも宣長を育成した嶺松院歌会は、父方の小津清兵衛（道円）とか母方の村田孫助（元次）・村田孫兵衛（全次）がつくったものであっただけに、宣長は文字通り松阪文化の伝統を背負って成長した人間といえる。

II

近世国学の成立と宣長学

契沖と宣長

❖俊成の歌を賞す

本居宣長が契沖学に接したのは、前述したところでも了解いただけるであろうが、また宣長の宝暦七年（一七五七）書写の『万葉集奥書』に「先生与似閑之門人樋口老人宗武友善」とあることによって明らかである。その上に契沖が好んだ藤原俊成（しゅんぜい）の歌を評価していることなどを通じてもわかる。さらにこの点について宣長は、後年『玉かつま』の中で「京に在しほどに百人一首の改観抄を人にかりて見て、はじめて契沖といひし人の説を知り、そのよにすぐれたるほどをもしりて、此人のあらはしたる物、余材抄、勢語臆断（せいごおくだん）などをはじめ、其外もつぎ〳〵にもとめ出て見けるほどに、すべて歌まなびのすぢのよきあしきけぢめをも、やう〳〵にわきまへさとりつ」とあるところである。その中にある契沖と『伊勢物語』との関連は、宝暦二年五月一二日の奥書にみえることから、宣長が上京して間もないころのことである。そして宣長は自ら抄記したものを「伊勢物語契沖師」「説略記」と題してさえいる。

❖文献学的方法の成立

宣長はこの過程の中で文献学的方法を確立しようとつとめた。これは契沖が、学問は「古書ヲ引テ証スルコトハ私ナキ事ヲ顕セリ」（『和字正濫要略』）とのべて、古典の記載そのままの中に、古人の心にしたがって古典のまことを明らかにできると考えていた。そこで強調されたものが、私を無にする立場であった。しかも「古の心」をそのままとらえようとすることで、現代社会からきりはなした形でとらえようとしたのである。またどこまでも客観的にとらえよ

契沖の肖像と筆跡　（円珠庵蔵）

うとつとめ、儒仏は付合したものとして排し、神道を根本にすえて儒仏を取捨せぬ心をもとにしなければならぬといった。文献学はその意味で幽玄不可思議な神道の存在を前提に考えられたのである。

当時多くの学者がいまだに勧善懲悪的教誡観にこだわっていたとき、そうしたものを排したのも、儒仏の教誡や道徳より解放されて人間本来のもっている主情によりたいと志向したことによる。また、人欲を敵とするものが多い世の中に対し、人欲を去るものは人でないという空気や、市井人が文化社会において力を得て来たこととあいまって、契沖も情欲を肯定し、色をこのむ方向を指向し、自然の性情を偽らずに表現することこそ古文芸の精神であると考えたのである。

宣長に影響を与えた『勢語臆断』などにおいて、このことは具体的にふれられている。

❖古今伝授の批判

したがって宣長のその時代の著書『排蘆小船』には、伝授のことを論じて、

或人契沖を論じて云く、哥学（歌学）によけれども哥道のわけを一向にしらぬ人也と、予これを弁じて云く、これ一向哥道をしらぬ人の詞也、契沖をいはゞ、学問は申すにをよばず古今独歩なり、哥の道の味をしること、又凡人の及ばぬ所、哥道のまことの処をみつけ

たるは契沖也、されば契沖は哥道に達して、哥をえよまぬ人也、今の哥人は、哥はよくよみても、哥道はつや〳〵しらぬ也、そのよくよむと云哥にも、ときどき大なる誤のみ多し、さて又ちかごろ契沖をひもどきて、なほ深く古書をかんがへ、契沖の考へもらしたる処をも考ふる人もきこゆれども、それは力を用ゆれば、たれもあること也、されどみな契沖の端を開きをきたることにて、それにつきて、思ひよれる発明なれば、なを沖師の功に及ばざること遠し、すべてなにごとも始をなすはかたきこと也。

ともいっているし、仮名づかいなどには、『草庵集玉箒』による影響さえみることができる。

このような例があげられるとすれば、本居宣長と契沖の関係は、学問的な形をとって『排蘆小船』以来形をなしていたといえる。

とくに宝暦初年における語学研究、字音仮名づかいその他の仕事は契沖学とかかわるところが多い。

❖契沖学批判

ところが宣長と契沖の関係は、当初「契沖師」(『紫文要領』)とかいているが、『玉の小櫛』などのころになると「契沖僧」となる。

そして宣長の主著『古事記伝』では「契沖、荷田大人吾が師」とか「契沖及び吾が師」と用いられている。その結果『古事記伝』には『厚顔抄』『万葉代匠記』『勢語臆断』『河社』『和字正濫抄』などが引用され、その数は二九八条におよんでいる。そのうち二一〇条は契沖の考えを否定し、採用したのは七〇条しかない。その上にたって「今又各県居大人にくらべてみれば、契沖のともがら又駑駘にひとし」ときびしく批評している。そして、寛政四年（一七九二）の『璣舜問答』という著書では、「契沖も東丸真淵など今時出たらむには左程にもあるまじき」とのべるまでにいたっている。それはともかくとして『排蘆小船』のころには「契沖は中興の歌学者」とか「学問は申すに及ばず古今独歩なり、哥の道の味をしること、又凡人の及ばぬ所」とかいって、歌学史上の地位を高く評価しているのである。

『排蘆小船』は、歌風の変遷発達を展望し、『新古今集』をその発達の頂点にあるものとし、藤原定家を尊崇し、古今伝授には反対しながらも堂上歌学の方式には理解をしめしている。

その中で「難波の契沖師は、はじめて一大明眼を開きて此道の陰晦を歎き、古事によって近世の妄説を破り、はじめて本来の面目を見付け得たり」とか「沖師は唯歌道の本体を考へて、近来の妄説を破り、塗炭を救ふ事を本とし」とか、定家の本意を明らかにしたのも沖師だとかいっている。そのしめくくりのようなところで「契沖をいはゞ、学問は申すに及ばず古今独歩なり。歌の道の味を知る事又凡人の及ばぬ所、歌道のまことの所をみつけたるは契沖なり」ともいい、「もののあはれ」そのものについても「すべて此道は風雅をむねとして物のあはれを感ずる処が第一なるを」とのべて、主情主義文学論の成立の端緒をひらいている。

❖主情主義文学論の成立

宣長は歌の本質を、政治をたすけるためのものでもないし、身をおさめるものでもなく、ただ心に思うことをいうことにあるといって、心のよりくるままに表現するものと考えていた。この見解は、京都遊学時代に見出した「私有自楽」の立場の文芸的表現である。そのためには、契沖のいう「俗中の真」、すなわち胸中の俗塵(ぞくじん)を払う玉箒(たまははき)をつくりあげねばならなかったのである。そうした意味で、宣長と契沖の出会いは、後年いかにその評価をかえようとも、主情主義形成に力のあったことはたしかである。

西郷信綱(さいごうのぶつな)はその著『国学の批判』の中で、契沖と異なって宣長は現世においてその実現を志したことを評価している。しかし、みやび――風雅をあこがれて京に遊学した宣長であるから、古人の雅情と同化して、主情主義文芸の世界を構築しようとつとめたことは疑いを入れない。ただ今日、宣長学の本質を古道学に求めるか、それとも主情主義文芸に求めるかという形で問題をたてる人がいるが、これは両者がはじめから統一するもののない双曲線として位置づけるものであるだけに、かかる見解をとることはできない。

それどころかそのような理解は、宣長学の形成とかかわる本質的なとらえ方からもズレた認識といわざるを得ない。

人情などというものは、はかなく児女子のごときものであって、男らしく正しくきついものではないとのべているが、これは人間性を尊重した考えである。その中には、自らの青春もそこにあったし、かりにも強がってみせるようなところのない、己の心のよりくるままに思考している。

宣長は文学の本質を叙事詩的なものに求めず抒情的なものと考えていたのである。彼は『石上私淑言（いそのかみのささめごと）』の中で、詞をえらぶためにも「深き情」を考えねばならないといっている。いいかえると「詞のあや」が文芸として意味を発揮するためには、それを感ずる心がなければならない。ただその場合、利欲も情の一つではあるが、それだけを求めるときは風雅とはならない。情と欲とは区別しなければならないかというと、その必要はなく、欲の底に情をふかくよこたえること、いいかえると人情の純化をすることによって、淫靡（いんび）や淫乱なものを克服して、よいものをつくらねばならない。その時に恋歌は恋歌となる。猥歌（わいか）などは恋歌とは全く異なるのである。

したがってありのままに歌うといっても、それが古の雅情を失ったものであれば、それは流行歌、童謡、民謡でしかなく、和歌ということはできない。それ故に単なる生活心情の表白を、心によりくるままの内容にしたのではない。古今のけじめも雅俗のけじめも考えることのできる、文芸としての自律性について考える心が必要とされたのではなかろうか。世にいわれる宣長の「もののあはれ論」というのは、そのあらわれと考えてよいのではなかろうか。それをあらわしているのが『紫文要領』と『石上私淑言』ではなかろうか。

❖世間の風儀批判

いわゆる「もののあはれ論」にのみ即していうと、『紫文要領』で確立した立場はあまりかわっていない。

感ずる心は自然としのびぬところよりいづる物なれば、わが心ながらわが心にもまかせぬ物にて、悪しく邪なる事にても感ずる事ある也、是はあしき事なれば感ずまじとは思ひても、自然としのびぬ所より感ずる也（『紫文要領』）。

とある。これをみて感ずるのは、感ずる心というのは自然としのびぬ所からできるものである。いいかえると作家の内面に自律的に形成されるものである。その故に心の中にやみがたく表現したいものでなければならないものである。

それ故にこれを文学と考える人は、文学は政治や道徳・経済・宗教に従属するものではない。たとえ役にたたないとしても、無用の用としての機能を果たす「すべて異なれる道」でなければならないのである。

そうした意味では政治的に疎外されたものだといって、この世界にいきることは、もっとも人間らしく生きることのできる世界であった。本居宣長があえて女々しくともこのようなものの中に「もののあはれ」を見出す努力をしたのは、「古人の雅情」を追求することによって当時の時代に対して何らかの世間の風儀批判を展開したものといってょい。

世の中にありとある事のさま〳〵を、目に見るにつけ耳にきくにつけ、身にふるゝにつけて、其よろづの事をあぢはひて、そのよろづの事をわが心をしる也。物の哀れをしるなり。その中にも猶くはしくわけていはば、わきまへしるといふもの也。わきまへしりて、其しなにしたがひて感ずる所が物のあはれ也（『紫文要領』）。

ともいっている。その場合の「其しなにしたがひて」というのは、身分を意味するのでなく雅情の内容をいっていると解すべきではなかろうか。こうした態度は、情におぼれるかぎりは、唯美主義そのものにおちいる危険を含んでいる。そこでそうした頽廃から、また我執を肯定するのあまり、欲にこだわったり妄念に執着することを防ぐために「もののあはれ」という普遍的な客観的でもある美的観念を創出したのである。

❖『源氏物語』教誡観の否定

そうした中で宣長は、和歌の世界のみでなくもっと庶民的なものを含む物語の世界に着目し

たのである。それ故に宣長は

此物語はまづ世にありとある事につきて、見る所聞く所思ふ所ふるゝ所の、物のあはれなるすぢを見しり心に感じて、それが心にとめをきがたく思ふよりして、物にかきて心をはらしたる也、すべて心に思ひむすぼるゝ事は人にもかたり、又物にもかきいづれば、そのむすぼるゝ所がとけ散ずる物也。さてその紫式部がつねに心に思ひつもりたる物の哀を、此物語にことぐ〵くかきいでて、猶見る人に深く感ぜしめむがために何事もつよくいへるなり、物の哀なる事のかぎりは此書にもるゝ事なしとしるべし（同上）。

ともいっている。

『源氏物語』教誡観の否定がすすむなかで、宣長は、欲望の肯定云々などという次元でそれをみるのでなく、文学の自律性と関連させて考え、源氏供養のような考え方からぬけ出したところに宣長のすぐれた才覚があった。そうした意味でも、宣長は、作者紫式部が物語をかこうとした本質をしった人といえる。それ故に「作者の本意」をあきらかにすることこそが学者の本領であるといっている。

この『物語』五十四帖をつらぬくものが、儒仏にわずらわされぬ、物語の本意「もののあはれ」であるといった。かかる世界を知るためには今日の俗人の立場からは理解できない。したがってそのためにこそ古学につとめなければならないといっている。

ただここで考えておかねばならないのは、『源氏物語』を味読したからといって、「もののあはれ」を本質としてとらえることができるかどうか、いかに文献学的考証をかさねたからといって量的にそれを把握できるかといっても、これは不可能である。そのことは、文献学的考証をのりこえ、味読主義を克服して、古典の内なる世界を統一的に把握する学問の形成がなされねばならなかったのである。

それでも、宣長は文献学的であった。作者の作中の表現を本質をあらわすものとしてとらえている。「もののあはれ」なるものもその代表的事例である。

すべての根本に同ずる「心」をもって感動の内面性を尊重する態度は、基本的には古歌・物語の文献学的操作のみでとらえられるものでなく、人生体験の内面化が十分かどうかによって果たされるかどうかということである。

したがって、宣長学は宣長自身の日常体験の変化とかかわらせて考えないかぎり、主体の内面的形成の学であるだけに、かかる方法を回避しては成立するはずがない。「言葉のあや」などを文字どおり「表現」とのみうけとるとき、「作り事」のもつ意味を誤ることさえ生ずるのである。

宣長はつねに「古への雅び」を尊重した。『源氏物語』が、そうしたものを示すものと考えていた。もともと和歌からはいった宣長が物語へはしったのは、背景、より広い立場を理解したいためであった。

❖「古への雅び」の尊重

たしかに宣長は畢生の大著『古事記伝』を起稿する前に、『紫文要領』と『石上私淑言』をかいている。したがって、「古への雅び」追求から古伝説絶対信仰——妙理追求へとおもむいたように理解できる。

こうした考えは、何でも、タテにならべてよろこびたがる素人くさい考えであって、もっと、内面的な深化の過程として位置づけるまめな努力が必要ではなかろうか。

たとえば『源氏物語玉の小櫛』には、古人がもっていた月花をめづる心の深きことは今の世の人よりはるかにすぐれており、おのずからよみ出づるといってもその内容がことなる。それ故に自らよみ出づればよいのではなく「古への雅び」を理解する能力、上代の実情を表現できる力が大切であるといっている。これも宣長の古学の発展をぬきにして深化は不可能であった。また『うひ山ぶみ』になると、歌よむかたと歌学のかたとの関連を問題にしている。いいかえると、自らがそうしたものになりきろうとつとめているのである。

その点をもっとはっきりした形でいえば、『紫文要領』には、明白な形で文献学的態度をあらわすものがあちらこちらに痕跡をとどめているが、『源氏物語玉の小櫛』をみると

なほいはゞ儒仏の教とは、おもむきかはりてこそあれ、物のあはれを知るといふことを、
おしひろめなば、身ををさめ、家をも国をも治むべき道にも、かたりぬべき也。

とあるように、文学の非政治の政治性まで論ぜられ「私有自楽」をより徹底した極限までしめされている。

加えて、物語論としての位置づけもできている。これは『うひ山ぶみ』が古典の勉強のしかたを解説して、順次性をといているのと対応することさえできるのである。

そうした差異を指摘できるが、基本的には前述した通り、「もののあはれ論」は『紫文要領』以来かわるところがなかった。

ここでは煩(はん)をいとって『紫文要領』と『源氏物語玉の小櫛』を対比して、具体的には説明しないが、かなり重複した表現をみることができる。とすれば、くりかえす必要もないほど自明なことである。したがって、宣長の中古主義を基調とする文芸論も一致している。

ただ最後に注目しておきたいことは、宣長は『源氏物語玉の小櫛』において、紫式部が源氏君の最後をかかなかったのは、「もののあはれ」を何人にも感じせしめるために、わざとかかなかったのではないかといっている。すべてのものを深く知ろうとした宣長も、六六の齢をかぞえて、その人間的体験とあいまって、何ものをも説明しようとつとめなかったのである。そのような判断能力が、「もののあはれ」をしることは「のがれがたき人のまことの情」、いいか

えると極限状況下の人のこころをしることにも通ずるのである。そのとき、それをしることが、政治に参考となるととらえるのは当然である。政治などはと考えた宣長がそのようにかわったとき、「もののあはれ」論の社会的機能は、文学の自律性のみにとどまったものではなくなってきているのである。

また宣長の歌論の場合でも、宣長は歌の批評家にとどまることをいさぎよしとしていたわけではない。むしろ彼は、歌の発生の原因を追求し、それをしらべあげる中で、歌というものが、自然の心の働きから発展して、無作為の中にとどまるものでなく、人間の努力によってねりあげ洗練され、技巧を媒介として「心うるわしく雅なる」ものとなるべきものと考えたのである。後世、心や言葉のいやしさの中に埋没する心をいとったのは、古への心が技巧を否定したものでないこととおおいに関係している。とかく素朴文芸が技術的に程度が低いものとする前提ぬきには考えられないことである。宣長は古人が雪月花を愛しめづる心をもっていたといい、後世の人の考えるような古人の心のとらえ方とも異なっている。それでも宣長は、情念文芸を肯定している。それは上代の実情のありのままに詠じ出して感情をのべるものとは少しものが異なって、秀逸なものをよみ出そうとするもの、いにしえの風雅の境界に立ち入ろうとするものを肯定したのである。そのかぎりで、『古今』『新古今』の世界をよきものとし、しかもそうした歌をよしとするだけでなく、それをよむことをもって情の自然なものを求める方法を体得したいと考えたのである。

こうした何ものをも体得しようとするあくなき追求心こそ、主体的な行動、文化的営為の中に生きる道を見出そうとする姿をあらわしている。もし「もののあはれ」をそうした形で求めた人がいるとしたら、それはおそらく本居宣長を除いて存在しないであろう。

❖情念文芸の成立

宣長は、政治や倫理と無関係の中で歌の本体を求めた。これは情念文芸としての歌が人間の感情の文学であり、それは本来めめしく、はかないものでしかない。それ故に「もののあはれ」が根本にすえられ、愛児の死よりかなしみの心に似て、世間体を心配する父でなく、そうしたものを無視する母の真実のなみだの中に、人間のすがたを求めたのである。

これは、宣長自身が、家業の中にもっともくるしい倒産の危機に直面してなやみはて、死んだ父よりも、たとえそれが武士でなくとも、母のかなしみ、慟哭（どうこく）をみて、世間体に対する対面意識をすてた母の真実の姿に心うたれたのである。そうした体験は、宣長の精神形成をささえたものであっただけに、この体験は、宣長の人間形成の核となって生きつづけていたのであろう。それが歌や文芸論としてあらわれるとき、このような姿をとってあらわれるのではなかろうか。わたくしはしたがって、多くの宣長論者のように『うひ山ぶみ』の回想などからはじめたり、宣長を皇朝の学問人という前提にたってとらえたいとは考えていない。そうした意味でも本書は特色をもっていると考える。

ただ契沖と宣長の関係は前述した通りであるが、宣長は『玉かつま』の中で「己が物学びのありしやう」の中で「此人（契沖）の著したるもの……つぎ〳〵にもとめ出て見けるほどに、すべて歌学びのすぢの、よきあしきけぢめをもやう〳〵にわきまへさとりつ。さるままに、今の世の歌よみの思へる旨は、大方心にかなはず。其歌の様もおかしからずおぼえけれど」といっている。その上に契沖の学風の影響はつよい。契沖は『伊勢物語』を業平のこととみなくてもよい。ただ贈答の和歌と考えればよい。「物語のことを実書とせば、世をまどはし人を損ふに至るべし、用捨してみるべし」との考えに反対している。かかる契沖学の影響が、宣長学の基本にすえられていたといえる。

真淵と宣長

❖松阪新上屋の一夜

本居宣長は、宝暦一三年（一七六三）五月二五日に松阪中町新上屋の一室にて賀茂真淵（一六九七～一七六九）と会見している。これを佐佐木信綱は『松坂の一夜』としてまとめ、教科書に収録される名文をかいている。

時は夏の半、「いやとこせ」と長閑やかに唄ひつれゆくお伊勢参りの群も、春さきほどには騒がしからぬ伊勢松坂なる日野町の西側、古本を商ふ老舗柏屋兵助の店先に「御免」といって腰をかけたのは、魚町の小児科医で年の若い本居舜庵であつた。医師を業として居るものの、名を宣長というて皇国学の書やら漢籍やらを常に買うこの店の顧主であるから、主人は笑ましげに出迎へたが、手をうつて、「ああ残念なことをしなされた。あなたがよく名前を言つてお出でになった江戸の岡部先生が、若いお弟子と供をつれて、先ほどお立よりになつたに」といふ。舜庵は、「先生がどうしてここへ」といつものゆつくりし

新上屋の跡　（松阪市 写真提供）

た調子とはちがつて、あわただしく問ふ。主人は、「何でも田安様の御用で、山城から大和とお廻りになつて、帰途（かへり）に参宮をなさろうといふので、一昨日あの新上屋へお着きになったところ、少しお足に浮腫（むくみ）が出たとやらで御逗留（ごとうりゅう）、今朝はまうおよろしいとのことで御出立の途中を、何か古い本はないかと暫らくお休みになつて、参宮にお出かけになりました」。舜庵、「それは残念なことである。どうかしてお目にかかりたいが」「跡を追うてお出でなさいませ、追付けるかもしれませぬ」と主人がいふので、舜庵は一行の様子を大急ぎで聞きとつて、その跡を追つた。湊町・平生（ひらお）町・愛宕（あたご）町を通り過ぎ、松坂の町を離れて次の宿なる垣鼻（かいばな）村のさきまで行つたが、どうしてもそれらしい人に追ひつき得なかつたので、すごすごと我が家へ戻つて来た。

　数日の後、岡部衛士（えじ）は神宮の参拝をすませ、二見

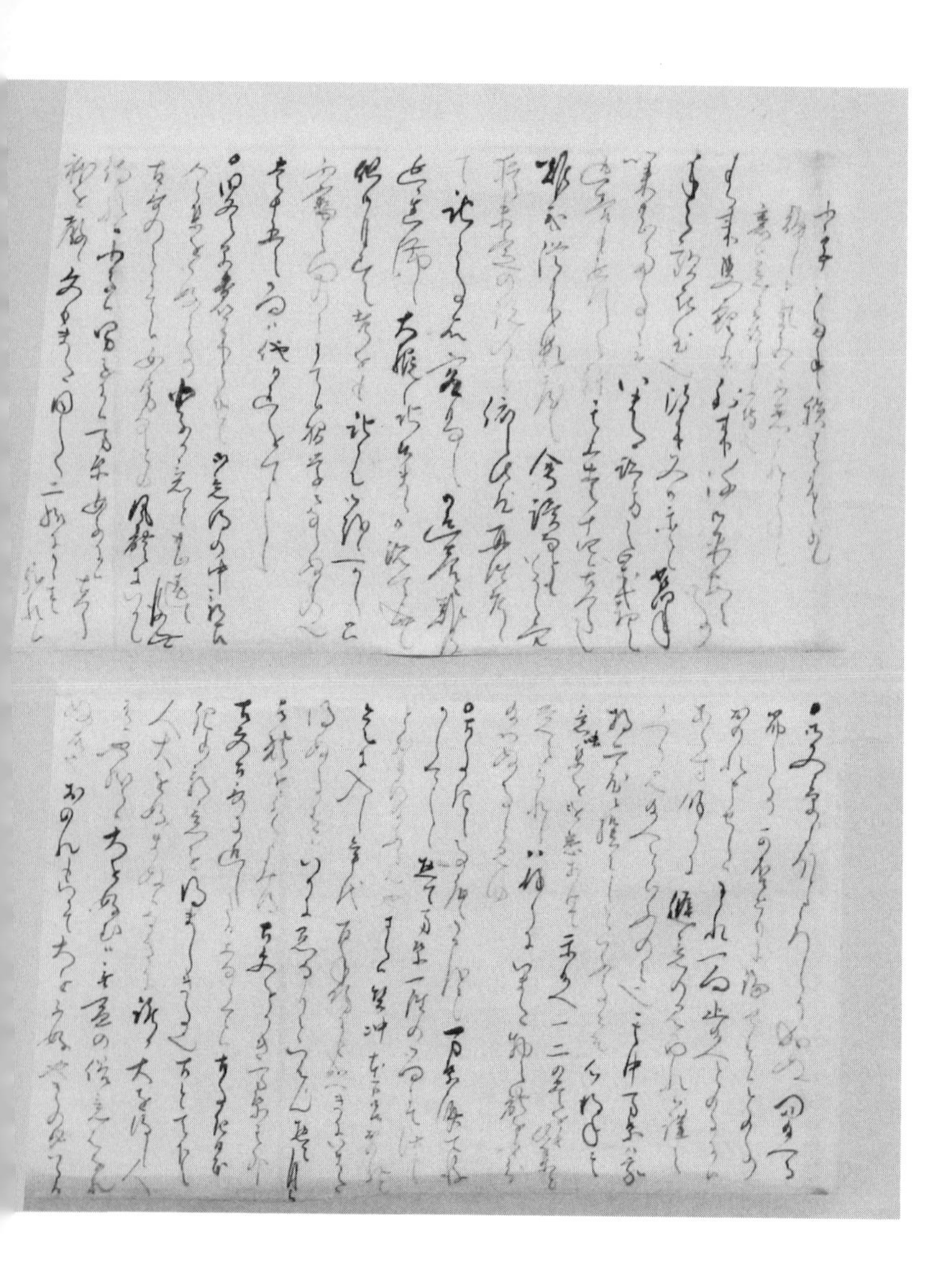

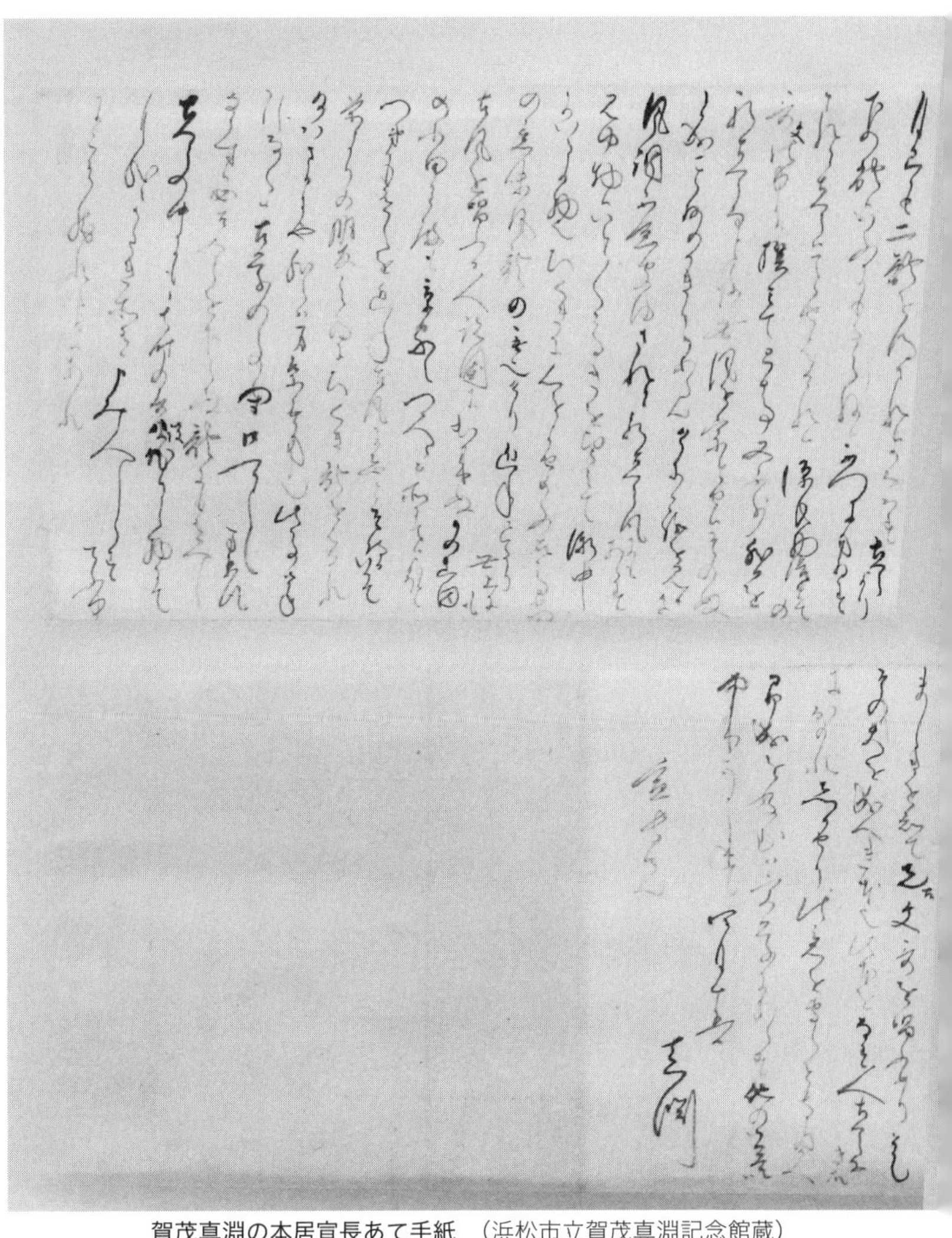

賀茂真淵の本居宣長あて手紙　（浜松市立賀茂真淵記念館蔵）

が浦から鳥羽の日和見山に遊んで、夕暮に再び、松坂なる新上屋に宿つた。もし帰りにまた泊られることがあつたらば、どうかすぐ知らせて貰ひたいと頼んでおいた舜庵は、夜に入つて新上屋からの使を得た。樹敬寺の塔頭なる嶺松院の歌会にいつて、今しも帰つて来た彼は、取るものも取あへず旅宿を訪うた。同行の弟子村田春郷は、廿五、その弟の春満は十八の若盛で、早くも別室にくつろいでをつた。衛士は、ほの暗い行燈(あんどん)の下で舜庵を引見した。

賀茂県主真淵(かものあがたぬしまぶち)通称岡部衛士は、当年六十七才、その大著なる冠辞考・万葉考なども既に成り、将軍有徳公の第二子田安中納言宗武の国学の師として、その名嘖々(さくさく)たる一世の老大家である。年老いたれども頬豊かなるこの老学者に相対せる本居舜庵は、眉宇(びう)の間にほとばしつて居る才気を、温和な性格が包んでをる三十四歳の壮年。しかも彼は廿二(にじゅう)歳にして京都に遊学し、医術を学び、廿八歳にして松坂に帰り医を業として居たが、京都で学んだのは実に医術のみでなくして、契沖の著書を読破し国学の蘊蓄(うんちく)も深かつたのである。

舜庵は長い間欽慕(きんぼ)して居た身の、ゆくりなき対面を喜んで、かねて志して居る古事記の註釈に就いてその計画を語つた。老学者は若人の言を静かに聞いて、懇(ねんご)ろにその意見を語つた。「自分ももとより神典を解き明らめたいとは思ってゐたが、それにはまづ漢意を清く離れて古へのまことの意を尋ね得ねばならぬ。古への意を得るには、古への言を得た上でなければならぬ。古への言を得るには万葉をよく明らめねばならぬ。それゆゑ自分は専ら万葉を明らめて居た間に、既にかく年老いて、残りの齢いくばくも無く、神典を説くまでにいたることを得ない、御身は年も若くゆくさきが長いから、怠らず勤めさへすれば必ず成し遂げられるであらう。しかし世の学問に志す者は、とかく低いところを経ないで、すぐに高い処へ登ろうとする弊がある。それで低いところをさへ得る事が出来ぬのである。此むねを忘れずに心にしめて、まづ低いところをよく固めておいて、さて高いところに登るがよい」と諭した。

夏の夜はいまだに更けやすく、家々の門のみな閉ざされ果てた深夜に、老学者の言に感激して面ほてつた若人は、さらでも今朝から曇り日の闇夜の道のいづこを踏むともおぼえず、中町の通を西に折れ、魚町の東端なる我が家のくぐり戸に入つた。隣家なる桶利の主人は律義者で、いつも遅くまで夜なべをしている。今夜もとん〳〵と桶の箍をいれて居る。時にはかしましいと思ふ折もあるが、今夜の彼の耳には、何の音も響かなかつた。

とある。これはおそらく『玉かつま』の「あがたゐのうしの御さとし言」をふまえてかいたものと思われる。

その根拠は宣長の自筆日記の宝暦一三年五月二五日の条に「廿五日、曇天、嶺松院会也。岡部衛士当所新上屋一宿、始対面」とあり、同年一二月二八日の条にも「廿八日、朝曇、雨天、去五月、江戸岡部衛士賀茂県主真淵当所一宿始対面、其後状通入門、今日有許諾之返事」とある。また賀茂真淵の日記「明和五年」の条には「当所に本居舜庵と申医師と尾張屋太右ヱ門と申者、掛御目度(おめにかかりたく)と申込候而、右両人来り候、舜庵は学才も有者に而其後半年ばかり過候而弟子入いたし、於今文通仕候」ともかきしるされている。

❖『冠辞考(かんじこう)』と宣長

宣長は真淵の『冠辞考(かんじこう)』に学ぶところが大きいといわれる。これは『万葉集』中心の枕詞(まくらことば)研究とその釈義ともいうべきものである。これより宣長は文献学的方法を学習した。

宣長は宝暦一三年末に真淵の門人村田伝蔵(坂大学)を通じて入門の手続きをとり、同一二月二八日に入門の承諾を得た。以来宣長と真淵とは、二度と会うことはなかったが、両者の間には熱心に質疑問答がつづけられている。その一論は『万葉集問目(もんもく)』にあらわれている。

本居宣長は賀茂真淵と会った前後に『石上私淑言』『紫文要領』などを完成し、中古の文献学の成果をあげ、新古今集主義の上にたっている。したがって賀茂真淵入門後、その万葉主義との間に論争があり、真淵よりきびしくしかられている。

村岡典嗣は真淵の宣長への影響について「要するに真淵が古へてふ理念に於いて、所謂(いわゆる)古への事と古への言と古への意との一致を観た理想主義と、儒教風の道理道徳に関する言説を、人為の理屈として排斥して、自然無為を古道の精神とした朴素主義との二つこそ、宣長の学び得たところのものであったと言ひ得る」(「思想家としての賀茂真淵と本居宣長」〔『増訂日本思想史研究』所収、岩波書店　昭和一五年、二〇一頁〕)といっていることからもわかる。

ただ宣長は、真淵より万葉学をならったがその万葉主義には妥協せず、上古朴素主義だけに徹底するために『古事記』の研究をした。その意味では、宣長は不完全でなおかつ不徹底な形でしか学問がおこなえなかった。

賀茂真淵も『県居誓詞(あがたい)』の中において、国学の目的を「上代乃道」を究明することに求め、万葉調を尊重している。その中でみやびより事実を尊重しながら、天地のままなる心をといた。また「国意」などを通じて、好ましきことに入りて和楽とせんとしている。

このようにみてくると、賀茂真淵と本居宣長との間には共通するものが多い。

宣長が接した『冠辞考』のとくところによると、「ますらをてふ語は正荒雄の意にて、集中に益荒雄と書る、益は借字なる事、ただ荒雄とよめるにしてしれ、然るを後の人、ますらをは女に益れば、まさり男の謂、女は男におとれば乙女といふとは、おしはかりの説也、神代紀にますらををば男子、たをやめをば婦人と書て、男はあらく、女はよわき、おのづからの理りにてむかへいふ語也、又をとこをば男、をとめをば少女と書て、共にわかき男女といへり、されぱますらをとをとめは、事の意ことにて、対へいふ語にはあらぬを、古きふみをもおもひあへ

賀茂真淵　（浜松市立賀茂真淵記念館蔵）

ず、みだりにいへる説也」といって、中世万葉研究家仙覚以来の諸説に批判を加えている。さらに注目しておいてよいことは古典の中の抒情の発見である。

荷田在満は『国歌八論』において、歌はただ「詞花言葉」をもてあそぶ他のないものである、そのような歌は天下の政務に関係のないもの、日常にも関係のないもの、教誡的にも意味のないものである、とした。それどころかむしろ淫蕩の媒になるものといった。それに対し賀茂真淵は、歌論の上でこれと真向に対立している。勧善懲悪というような他律的なものに拘束されず、歌の本質は性急に政治にかかわらせねばならぬものでもない。ただ歌は心に感ずるものをうたいだすものである。それ故に歌は人情を知る機能を果たすべきものである。人情をもって第一義的なものとした。しかも歌はやんごとなきものでもないといっている。

したがって賀茂真淵は、『万葉集』の中でも相聞・挽歌・正述心緒・寄物陳志を評価しているのである。このようにとらえるとき、賀茂真淵と本居宣長との間に共通したものをつかむことができる。

真淵は『万葉集』を通じて、『古今』以下の「たわやめぶり」に対して、「ますらをぶり」を提唱したといわれる。この「ますらをぶり」は「益良雄」「正荒雄」または男子、優すら男をさすものであって、「神皇の道」につながるものをもつべきものとされた。これもはじめからある自然の道に近づこうとするとき、それがこれにつながることと考えられたのである。

そのためか真淵の考えた『万葉』の「ますらをぶり」そのものは、抒情の世界を求めたものであった。それ故に、宣長が真淵に近づいたのは、契沖に触発されてすでに『紫文要領』や『石上私淑言』などをかき上げてさえいたからに他ならない。

人間の意識の変革は、地味な文献学的な考証の上につみ上げられたものでもあった。その点でも通ずるものがあった。『冠辞考』をよんで宣長がよろこんだのは、ちょっとしたことですらゆるがせにしないその学問のたしからしさにあったのである。

さらに煩をいとわず述べるならば、契沖同様定家を評価している。これなど契沖を通じてその教えを継承した宣長をいっそう真淵に近づけさせる理由でもあった。

それにもまして特筆すべきは、真淵の古学が宝暦期にやっと成立の時期に到達していたことである。『冠辞考』の成稿出版は、宝暦七年(一七五七)でしかないことを考えても、また『万葉考』が宝暦一〇年以降になってであることなどがその間の事情をあきらかにしている。

したがって宣長の学問形成にとっても好いタイミングにあった。いいかえると宣長はよい運をもって生まれていたということができる

それはともかく「松阪の一夜」は、両者の文通の契機となったが、二度と会う機会はなかった。

❖『国意考』の成立

ここで本書が「近世国学の大成者」と題せられている限り、賀茂真淵を近世国学史上に位置づける必要もあり、さらに、本居宣長の『直毘霊』と妙理に比重をかけていることに対応させる意味もあって、賀茂真淵の『国意考』をめぐる論争にふれないわけにはいかない。

もともと『国意考』なる名称はなく、もとは「国意」であって後世『国意考』とされたのである。賀茂真淵は、「文意」・「歌意」・「語意」・「書意」とかき、その上で「国意」を書き、〝五意〟を意図したといわれる。

本書の成立は明和(めいわ)五年（一七六八）以降と考えられ、太宰春台(だざいしゅんだい)（一六八〇～一七四七）の『聖学(せいがく)問答』および『弁道書』などへのなみなみならぬ関心と批判が著述のつよい動機となっている。太宰が神儒仏の一つとして儒教をみることに反対しているのに対し、その論理を逆用してまでも神道は小さき道とする考え方に反対している。したがって『国意考』は、儒者と推

定される「或人」に対する問答としてかかれたものである。このさいの「或人」はだれだかわからないけれども、太宰につながる儒教中心の神道を小道と考える人であったことはたしかである。それ故にこの『国意考』をめぐる論争は、太宰につながるものと、真淵につながるものとの間に長なが闘わされる結果となる。

そしてこの論争に参加したものは、学統とも関連してか、学説とつながってか本居宣長の『直毘霊』をめぐる論争に参加するものが多い。どちらかというとこの論争が『直毘霊』論争という型で収斂(しゅうれん)されている。それでは一体、真淵は『国意考』の中で、何を主張しているのであろうか。それに対して何がどのように反論を加えられているのだろうか。

真淵は、歌など小さいことで、世の中を治める政治にかかわる大道こそ大切なことである。その場合、唐国の道をとってこそ役に立つといったのに対し、儒教は天地の大道とは異なる人間が所詮作為した道でしかない。たとえ堯舜禹(ぎょうしゅんう)のしいた道であっても実に小さい作為の道でしかなかったからこそ、天地の大道に反し動乱の国となったのではないか。日本は天地のままなる自然の神道がひろまったからこそ、かの国と異なって平和な国となった。これは作為の理を否定したことの価値であるといった。

また儒者らしい「或人」は、日本古代においては同胞結婚があって鳥獣の道に生きていたのに儒教が入ってからととのったという。しかし人は果たして鳥獣よりすぐれているかどうかと

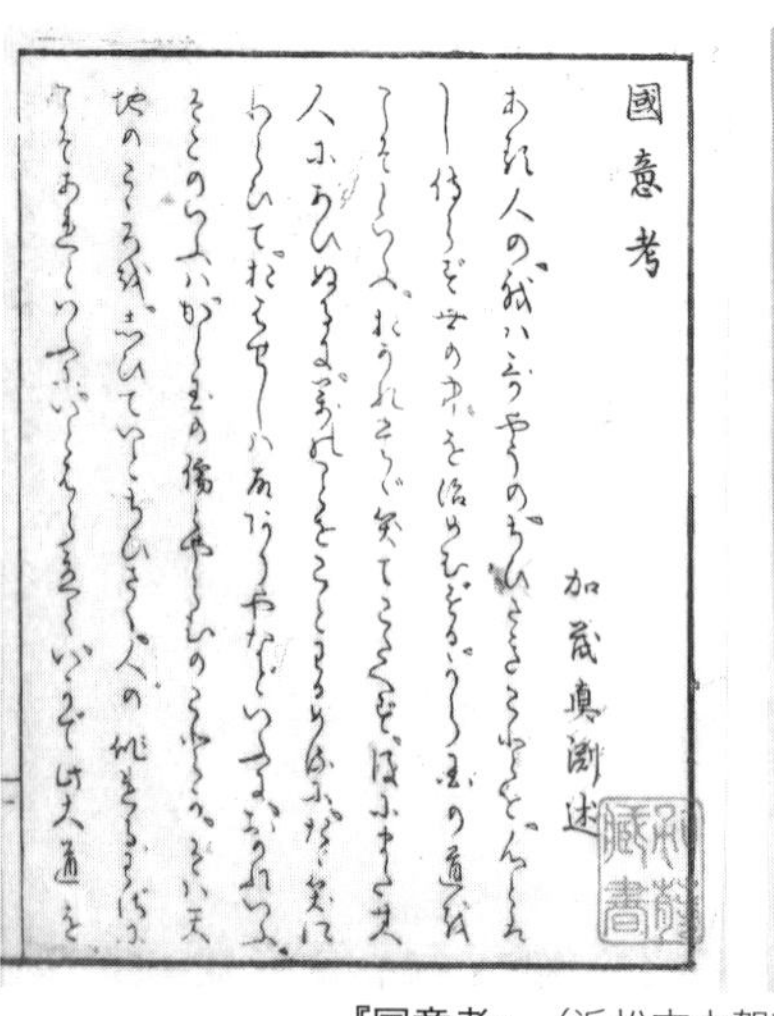
國意考

加茂真淵述

加茂大人著

國意考

附 辨讀國意考

源稲彦著

書肆 種玉堂 永樂堂

『国意考』（浜松市立賀茂真淵記念館蔵）

も反論して、文字がなかったが、漢字伝来以来ととのってきたといったのに対し、五十音こそ天地の声であり、古代は語を主とし、字はあとにしていたのにすぎないとものべた。

漢字には風雅があるとの表現に対し、革命動乱の国に風雅が成立するわけはない。わが古歌にこそこれを求めるべきである。仁義礼智信など和語はないといったのに対し、名のないのは天地の意がそれを示すことを示している。というようなことをくりかえしくりかえしのべている。

それに対し政治と文学の問題に関しては真淵は直き(なお)心、直は治世上の条件であるが、これなしに政治が成り立つわけがないといっている。これは治教上の重要前提をめぐって論争がくりかえされている。『国意考』は、「天地の心」を基本理念とし、おのづからの道、古道を強調し、儒教を排斥したのに対し、老子ににているとの論難さえあった。禽獣説をめぐっての論争はそもそも人間とはいかなるものかという原点をめぐるもので、それと道徳がかかわったもの、同母異母の説、同胞結婚などは派生的なことにすぎない。

それに対し、賀茂真淵の主張を極めて主観的であるとの批判が出され、野村公台（一七一七～八四）などは「蘐園復古之教」にしたがって詳細に反論を展開している。これに対し国学系のものは、野村公台は皇朝の学をつゆばかりもしらぬものと一蹴し、賀茂真淵は千古の学を復古した人であり、実に千載に一人のすぐれた人である。この学は古学に根ざしたすぐれたものであるとのべている。

ただ賀茂真淵そのものの評価をめぐっては国学系の中にも次第に分裂がおき、漢意批判の不徹底性について追求するものは生じて来ている。これを促進したのが本居宣長の『直毘霊』の『国意考』批判であったことはあらためて指摘するまでもないことである。

そのとき一番問題となったのは賀茂真淵が平安朝以来中古の文化は自然のもつ健康な生気を失なっているとの認識で、古代精神の基本型を自然と精神と芸術とが同一もしくは直接むすびつく関係にあった時代に求めたことである。そして「高く直き」「明く直き」「直き清き」「風雅にして弘大」「ひたぶるこゝろ」「なほきひとつごゝろ」などをその内容と考えていたことである。その場合、彼は荒魂と和魂とを対概念としてといたから、たけき・いかき・ををしき心も、古代精神の要素と考えていたのである。こうした美意識は宣長のごとき精神形成をした人と一致することはできなかった。このことは、第一章でも多少ふれているが、再び想起しておいてもらわねばならぬ重要な認識である。

この宣長の歌に対し真淵は、「是は新古今のよき哥はおきて、中にわろきをまねんとして、終に後世の連歌よりもわろくなりし也、右の歌ども一つもおのがとるべきはなし、最も好み給ふならば万葉の御用も止給へ、かくては万葉は何の用にたゝぬ事也」ともいっている。この点についても宣長は真淵と美意識の上でも一致できなかった。

しかし賀茂真淵が、私智をもって天地をはかることを嘲笑し、儒者の「教へ」をたて「道」をとくことを自然を軽んずるものとしたその精神を宣長は後年これをうけついでいる。真淵の『国意考』(国意)はその主張を端的にあらわすものであったことは前述した通りである。『国意考』は、明和二年(一七六五)成立かどうか問題はあるが、この書は野村公台『読賀茂真淵国意考』などを生んでいる。しかしそうした批判者の一人金子祐倫は「宣長が妄論、真淵が国意考ニ厚ク。其書固ヨリ老荘の糟粕ニシテ歯牙ニ掛ルニ足ラズトイヘドモ、真淵ハ宣長ノ師トシテ、我ヨリ一種国学ノ祖トナル」といっている。その意味でも宣長学は、真淵学の影響の下に育っていたことは明瞭である。

国学の成立と西洋知識

❖国学と蘭学

鎖国体制下に「たゞ漢国人の見解をのみ手本として、その余はなきものと心得」(『くず花』)るがごとき見解は、近世中期吉宗以後の実学の発展で次第につきくずされていった。いいかえるといわゆる蘭学の発展が新井白石(あらいはくせき)、青木昆陽(あおきこんよう)をえて、前野良沢(まえのりょうたく)らの出現によって本格化して来た。それ故に「さて万国の国を見たる事を、めずらしげにことごとしくいへるもをかし、かの今時誰か見ざる者あらん」(『呵刈葭(かかいか)』)ともいえるようになった。いいかえると西洋知識の一般化こそ、国学を成立させる重大な契機となったということである。

板沢武雄(一八九五〜一九六二)は新村出(しんむらいずる)の研究をふまえて、「文化三年丙寅冬霜月」の奥書のある真淵の『国意考』廿丁に、国字及びおらんだ文字の漢字に比して便利なことを指摘した一節があり、

おらんだには、二十五字とか、此国には五十字とか、大かた字の様も、四方の国同しきを、

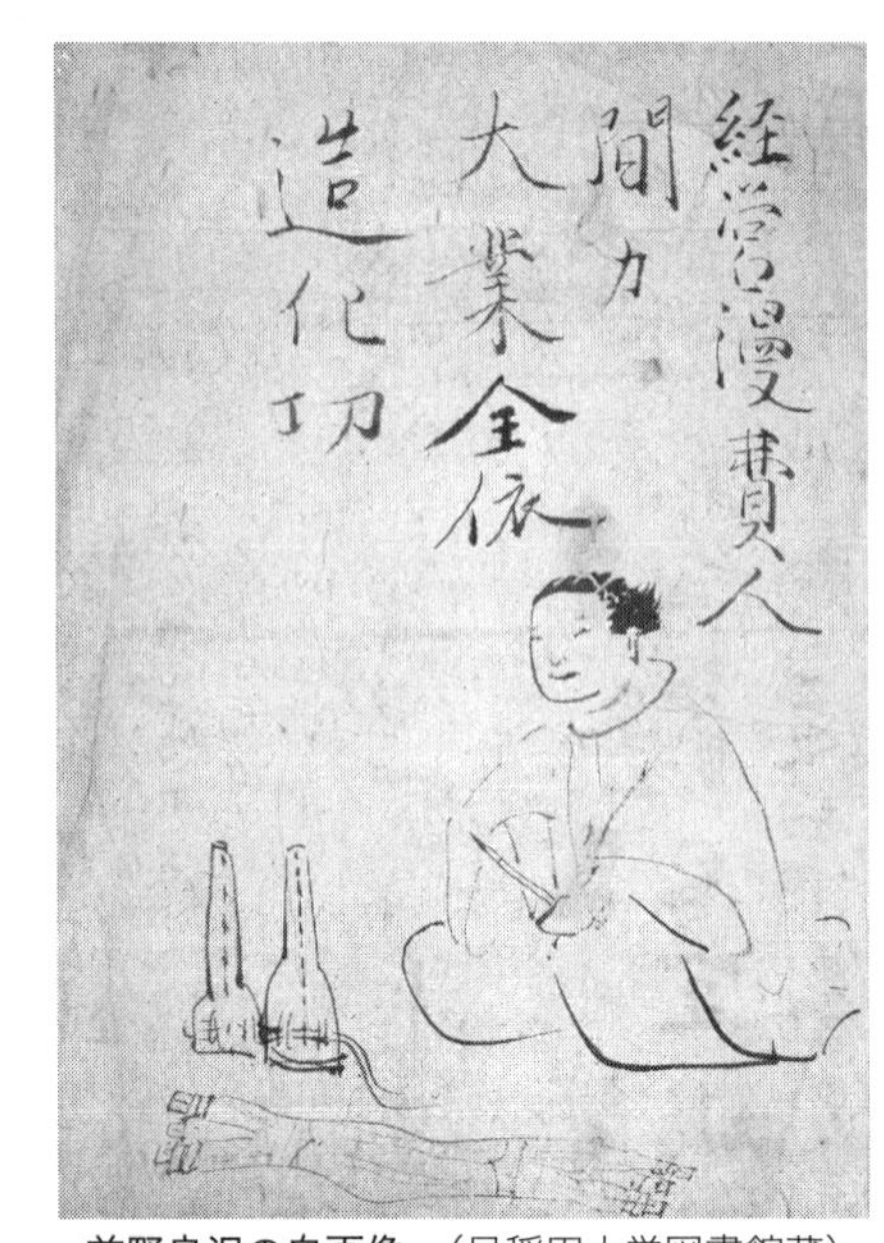

前野良沢の自画像　（早稲田大学図書館蔵）

ただからのみ、わづらはしきことをつくりて、代もをさまらず、これも不便なり。

と紹介している。

　そしてその後、本居宣長およびその後継者に至って「時勢のしからしめるところもあらうが、西洋についての関心が漸くたかまった」（板沢武雄「国学と洋学」（「国語と国文学」所収、昭和一四年一〇月特輯号））といい、本居宣長の『玉かつま』二の巻にも「五十連音をおらんだひとに唱へさせたる事」の一条がある。最近『玉かつま』をかくための草稿が発見されたが、この種のものがかなりあることが指摘されている。

　このようにみてくると板沢武雄が指摘したことは、宣長学自体に即しても当然検証されねばならないことである。

❖宣長と西洋知識

宣長は、しかし西洋学の知識を尊重したが「かの遙の西の国々に尊敬する天主教の如き、皆偽造の説也」(『呵刈葭』)とのべて切支丹(キリシタン)を排斥している。その底には、宣長は、儒教、仏教にくらべて、切支丹の教えがあるとしたにすぎず、これらが西洋のもので、日本に対して文化的なかかわりのあるものとしたのではない。それにもかかわらず西洋の存在をみとめ、もろこしの古の人のように、他国あるをしらないようなせまい見識に対してはつよく反発している。その意味では儒を唯一絶対なものとする考え方を拒否しているといえる。

宣長は、自ら古伝説絶対信仰の立場を確立する過程で、事実に反する漢国の説を絶対視する中国中華観の否定に全力をあげているということができる。

そうしたものを崩壊させるためには、日本がもともとその中にあったものでないことを明らかにすることと、もろこしの古へ人の考えがかたくなであるため、事実において西洋の世界のあることをはっきりさせることである。

もちろんこうした考えが、前述した古伝説絶対信仰成立に役立ったことはたしかであるが、今成立している宣長学の成果から、その思考過程を復原するためには、宣長学の形成過程に焦点を合わせた校訂がされねばならない。そこで問題となるのは、定本などといって校訂者の見識にしたがって適宜に取捨することである。むしろ底本を定めて、それと異なるもの、すなわち異本校訂部分はていねいに注記する作業が必要ではないだろうか。そうしたものをつくることなしに、以上のべたようなことを克明にすることはできない。

近キ世ニ年々渡り参ル阿蘭陀(オランダ)ト云国ナドハ天文地理ニクハシキ国ナルガ其国ノ暦法ナドハ唐国ノ暦法トハ殊(こと)ノ外ニ異リタルモノニテ一月ノ日数モ大ニチガヒ閏月(うるうづき)ト云コトモナケレドモ其通リニテモ年々差(たが)フ事ハナキナリ今此論者ニ阿蘭陀ノ暦ヲ見セタラバ大キニ驚キテ目ヲマハスベシ（『真暦不審考弁』）。

といい、また儒仏の定理とは異なり、しかも事実においてそれにもとづいて世界をめぐり貿易し、利益を蓄積している事実、そのためには既に実用化され日常化されていること、こうしたことはただ書物の上のことと同日に語ることはできない。

宣長は、文献学的考証につとめたが、事実は文献学的考証のみで検出することができると信じたのではない。むしろその実証はそれをつきぬけたところにのみ成立すると考えた。しかも、予断と臆測、いいかえるとくわしからざるものが「闇推」したようなものは信ずるに足らぬことだと考えていたのである。

そのことから天文地理に関する限り、西洋天文地理学の成果をみとめている。

宣長が何によってそうした知識を身につけたかは不明だが、長崎通詞(つうじ)本木栄之進によって、安永三年（一七七四）には『平天儀用法』一冊、『天地二球用法』二冊、『太陽距離暦解』一冊、安永四年には『輿地図名訳』という具合に出されている。もちろんそれに先駆する形で新井白石、北島見信らの仕事はあったのである。このことが、釈迦の仏説にある須弥山の存在が虚妄なものとされることともなる。

また『古事記伝』の中で、服部中庸の『三大考』をも引用している。その『三大考』には「地は円にして虚実に浮べるを日月は其上下に旋る」といっている。これによると、日食・月食などは決して神秘的なことではないことがわかる。したがってこれが聖人がすべてを知ったものと考えて陰陽八卦五行をとくことは、世をいつわるものでしかない。日食や月食がなぜおきるかというようなことのわけもしらずに、予断と臆測にもとづいて、これは凶兆だとかこれは祥瑞だとかいうのは、笑いにたえないことでしかない。これもそれも、何事もすべてわかっていることを前提として、理をもっておしはかろうとし、それによって位置づけしようとすることの信じがたさによるものである。このように考えられるとすれば、宣長が世の中のことは不可知不可測ということは、合理的思考の極限状況のもとに到達したことと考えられる。しかるに多くの人々は、宣長がはじめから合理を否定したと考えるが、それは宣長が何を批判し、何を否定しようとしたかということを無視した非歴史的なもののとりあげ方に起因すると考える。

したがって宣長は、後年の『玉かつま』に

> 皇国にても、学問をする人は、今は万づの国々のことをも、大かた知りたるべきに、なほむかしよりの癖にて、もろこし人のみだりごとを信じて、ひたぶるにかの国を尊みて、何事もみな、かの国より始まれるやうに思ひ、かの国より外に、国はなきごと心得居るは、いかなるまどひぞや。

とのべて、学問人はいかにあるべきかの心得にまでしている。

❖中国中華観と馭戎(ぎょじゅう)

これはもちろん宣長が早くから身につけたものであった。太宰春台は『弁道書』の中で、天下国家を治めるためには、聖人の作為した道をすてては一日も治まらぬとのべたことは愚昧(ぐまい)なことで、日本・天竺(てんじく)もそのほかの国でも聖人の道はしらないが、いよいよよく治まっている事実がある。この点については、『国意考』をめぐる論争の中でも批判の対象となっている。宣長もこうしたことに関心のなかったはずもなかった。そうした中で、宣長がその他の国、いいかえると西洋の国々のことをもち出しているのは、一つには中国中華観や三国世界観を否定しようと考えはじめたことをしめす。支那(しな)も天竺(てんじく)も、阿蘭陀もとならべることによって、中国中華観・周辺夷狄(いてき)観を独善・迷妄(めいもう)なものと考えたためである。

そうした中で尊重されるべきは、安永六年（一七七七）一二月成立の『馭戎概言』の存在である。「からをさめのうれたみごと」ともよむ。

その中で、本居宣長は、「皇国をば、かしこくも東夷のごとくひがこころえ」とのべ、中国中華観に反対し、徂徠が「東夷物茂卿」と称したことを問題としている。

「馭戎」とは、漢戎唐戎を馭めならす、という意味をもっている。その意味する内容は、まことの道をもって馭めて、乱りがわしい国ぶりをあらためて我国にならわそうとするとの考えである。したがって「天照大御神の御子の尊の所知食此の大御国に、外国もろ〳〵のまつろひ来る事の始めをたづぬれば」ともいっている。

これは日本人・皇朝人の中に、もろこしの事をば彼の国人が他国の事にいってこそ、いいかえると、日本を中華と考え、他国を夷狄ととらえてこそ、真にこの学を学ぶとすべきであるという考えを導くこととなる。それによって内外のけじめをあきらかにさせる、いいかえると中外論ともいうべき、差別論をたてることとなったのである。

本来こうしたことは儒者が心得ていなければならぬことにもかかわらず、中国中華観のとりことなって、「皇国の光」をかかげることさえわすれてしまった。そこでやむなく本居宣長が「神直日大直日の神の光」をあきらかに『世の中の僻心得』を世直ししようと考えざるを得なくなったのである。

宣長は『馭戎慨言』の中でも歴史、とくに日本の歴史に対する関心がつよい。その場合彼は決して対外的な馭戎関係のいきさつのみを考えようとせず、つねに皇国の中にどれほど馭戎の考えが内包していたか、言むけかわすことの準備がととのっていたかを考察している。したがって元寇の項でも

さてかく俄にはげしき風のおこりて、たやすく賊の軍のほろび失せぬるは、世にも語り伝ふるごとく、まことに皇神たちの御力也。神の御国の御いきほひよ。かしこしとも尊しとも言へば更なり。然るをもろこし人は、此神の道のくしびなることわりをばえ知らで、後世まで此の敗れを只あしき風の吹くべき折をはからはざりし故と思ひ、或は蒙古陸の戦は得たれども、船いくさにつたなかりし故といひ、或は御国の国形の、海を隔て、侵し難きなどをのみ思ひ居るは、いとも愚かなりけり。

と明言している。ただその場合朝廷にも伊勢大神宮に祈り給うたとあるが、他のことにおよんでいない。これはおそらく、国民が必死になってたたかったことを言外に秘め、それはもとより前提になるべきこと、そこにこそ皇国のある姿があるとする考え方によっている。しかるに、戦中にも、宣長が言挙げした片言隻句のみにかかづらい、宣長がいうまでもないこととしていることを忖度せずに、うたいあげた学者がいるが、われわれはそうしたよみ方をくりかえさぬように努力をかさねなければならない。

ただかかる認識は、『くず花』で人の智りの限界を考える中でも、火は火、水は水、天は天、地は地、日月は日月、それ以外にみることを否定した『石上私淑言』の中での見解にもささえられている。それ故に人智の形成を単に外的なものよりそうした認識が生じたととらえるべきではない。

しかし宣長が「世界はことごとく不思議より生じて不思議ならずと云ことなし」(『講後談』)の態度などは、以上のようなもののみから決して導き出すことはできない。それ故に前記のごときことがあったことをみとめないわけにはいかない。そればかりか「すべてあやしきことを見てあやしからずとて其理をいふはかしこきに似たれども、その本をおしきはむるときは、その根本の理はいかなるゆゑともしりがたければ、終にはあやしく手のつけられぬ」(同上)ものとなってしまうことになる。これをみてもわかるように不可視の理を否定している。その結果、宣長は不可視の神に、究理への努力するものの救いを求めたのである。ところがとかく人間は、人智の極限状況をきわめる努力をおこたってまで、早くたすけを求める。そのような努力の上に経験をつみ、反省をつみあげていく精神的緊張をいとうものが多い。そのときには、おそらく神はかしこきもの、おそるべきものという実感がわいてこないと考える。これを総括するともともと宣長は、世界に眼を開き、西洋の国々をしることによって、相対主義の世界に入り、儒・仏にこだわって絶対的なものを主張していた人々に対しても、相対的にものを考えるように主張したと考えられる。ところがそれが相対主義にとどまることができず、絶対的なものを主張したのかというと、それは儒・仏にいきる人々が現実的には、日本のことを他の事とみなしていた。それを相対主義の線上においてあらそっているとき、次第に「慨言」をかかねばならないほど、内面の高ぶりを感ぜざるをえなかった。それが「彼此の差別」をはっきりつけねばならなくなったのである。

その結果は、いきおい、国学者の存在理由を明らかにせねばならなくなる。

ただここで忘れないでいただきたいことは『馭戎慨言』は、『直毘霊』の成立過程とからめて考えると、多くの問題をもっていることである。いいかえると、その前後関係をどう考えるかは、きわめてむずかしいものをもっている。決して短絡的なとらえ方をゆるさないものをもっている。

それはともかく『馭戎慨言』は宣長の逆中華思想を集約したものといえる。中でも天皇の皇帝に対する優位が主張され、それがもっぱら外交文書の文書批判を通じて行なわれている。この成果は、「から国にこびてつかへてあしかがのしこのしこ臣御国けがしつ」（『阿麻理歌』）でのべている。そのような事例は、義持の礼讃にも通じ、「とよ国の神の道いつはもろこしのからのこきしもおぢまどふまで」（同上）ともいっている。

『直毘霊』の成立と「妙理」

❖『直毘霊』の成立

すでに京都遊学時代に「常理」ならざる世界を見出した本居宣長は、明和元年（一七六四）正月一三日に、度合延佳校本をもって、『古事記』の校合をはじめて以来、三五年にわたる彼の学問的努力がはじまった。

本居宣長が『古事記伝』の首巻ともいうべき『直毘霊』をかいたのは、明和八年（一七七一）一〇月九日ともいわれるが、しかしそれは一応成立したものであって、その実それを出版したのは、宣長の還暦記念として寛政二年（一七九〇）九月に出された『古事記伝』初帙五冊の刊行の時である。

しかし本書はさすがに大著『古事記伝』の序論ともいうべきものであっただけに、文章には古体の文体をなるべくとろうとつとめ、宣長はくりかえし、くりかえし推敲を加えている。そのためか「道云事之論」、「直日霊」「稿本直霊」内題「なほびの御たま」「板本直毘霊」「直日之御魂」「奈保妣之御霊」「なほびの御多方」などがのこされている。もちろんその主旨ともいうべき「からごころ」をはらいきよめて、皇国心をもって古典を学び、カムナガラの道を行なうという本筋においては全く異なるところがない。それはおそらく宝暦〜天明という「世直し状況」下にあって、本居宣長が『直毘霊』を自らのものとして深め、表現をねり直しながら清澄なものへと彫琢していったことによる。

ただその場合『道云事之論』には「大津宮ノ後ノ乱ナド神代ヨリイマダ聞ヌコトナク」とあるが「直霊」などには全くみられない。これなど明らかに壬申の乱に対する評価の問題と関係していて、単なる文章上の表現の問題にとどまらないことである。

加えて宣長は『直毘霊』成立以来鈴屋門人への講釈にも自ら用い、成立して満三年経ったあとでも門下の人々に示しながら、思索を加え添削もしている。しかもその講釈は何と十四回にも及び、かなりの時間をかけて真摯に講義を加えている。したがってかなりの熱意を彼は本書にそそいでいる。それ故に『直毘霊』は出版上木以前にかなり多くの門人に書写され、伝播普及してさえいる。そのためか、「直霊」の名はその門人や、国学者間では高く、また異を唱える人々より多くの批判をまねいたほどである。それに対し本居宣長は、自分の学問論の琴線にふれることであるだけに、反駁を加えたのがいわゆる『直毘霊』論争を生ずる理由の大本となった。

『直毘霊』の特色は、「常理」に対する「妙理」の魅力を説明したことによる。また「禍津日神の御心のあらびはしも、せむすべなく、いとも悲しきわざにぞありける」(『直毘霊』)とか、「世間に物あしくそこなひなど、凡て何事も、正しき理リのまゝにはえあらずて、邪なることも多かるは、皆此ノ神の御心にして、甚く荒び坐時は、天照大御神、高木ノ大神の大御力にも、制みかね賜ふをりあれば、まして人の力には、いかにともせむすべなし、かの善人も禍り、悪人も福ゆるたぐひ、尋常の理リにさかへる事の多かるも、皆此ノ神の所為なるを、外国には、神代の正しき伝説なくして、此ノ所由をえしらざるが故に、たゞ天命の説を立テて、何事もみな、当然理を以て定めむとするこそ、いとをこなれ」(同上)ともいっていることの中にその内容の深さを感ぜざるを得ないからである。

加えて『直毘霊』は後世においてとくに本居、平田の学を継承する国学者によって尊重され、たとえば文政一二年にかかれた伊豆(静岡県)の国学者竹村茂雄(一七六九〜一八四五)『直日霊付録』一名『道守之標』とか、安政二年(一八五五)五月五日成立の大国隆正(一七九二〜一八七一)の『直毘霊補注』のごときものの存在もとりあげる大きな理由となっている。以上のごとく『直毘霊』云々といわないけれど、国学者の古道論の中には、平田篤胤の『古道大意』のごとく『直毘霊』の道の論を敷衍したものが少なくない。その限りにおいても『直毘霊』は国学思想史上に占める学問的位置はきわめて高い。それでは一体『直毘霊』そのものはいかなる政治的立場をしめしているのであろうか。以下その点について考えてみよう。

　本居宣長が「世直し状況」下で第一に強調したことは、「天下にはあらぶる神もなく、まつろはぬ人もなき」（『直霊』）世をつくることであり、そのために「いく万代を経とも、誰しの奴が天皇にそむきまつらむ。あなかしこ。御代々の間に。たま〳〵も不伏きたなき奴もあれば、御代の古事のままに。大御稜威もかゞやかして、たちまちうち滅し給ふ物ぞ」（同上）ともいっている。したがって「下なる者はたゞ上の御おもむけに従ふよりはかなきものをや。たとひ神ノ道のおこなひとて別にあらむにても。其を教へ学びて。行ひたらむは。上にしたがはぬ私事ならずや」（同上）ともいっている。したがって本居宣長の基本的政治姿勢は、上のものに対する奉仕の態度につきている。しかしそれが前述の竹村茂雄になると「下たる者は、上の御定をかしこみ守りて、それ〴〵の家職をよくつとめ、課役をおこたりかくことなく、租貢をとゝのへ納め、家門を栄えしむる時は、君につかへ親にしたがふ道にかなひそ、妻子奴のかへりみ、友のまじはりもなくとゝのひ、世人にも重みせられわたらひもゆたけく、おのづから、書見、歌よみ、ものならふともありて、常に心たのしく、身もやすし」（竹村茂雄『直日霊付録』）、とあるように家職産業奉公論の立場にたっている。

　さらに本居宣長が、「古の大御世には、道といふ言葉もさらになかりき」（『直毘霊』）とのべ「皇国の古は、さる言痛き教も何もなかりしかど」（同上）ともいっている。そして積極的に

「神道」なる語の起源などを探求した上で「大御国の神はかれとははるかに異にして。今の現に御宇天皇命の皇祖を神と申て、其神の始め給ひ伝へ給へる故に神の道と申すにこそあれ。そのうへにかれは神ノ字の意も異なる物をや」（『直霊』）ともいっている。

❖「常理」と「妙理」

本居宣長は「たゞ今日見聞事実の」「常理」（よのつねのことわり）に対する天地のことわりである「妙なる理」を「妙理」として対比させている。しかしこの「妙理」の成立は、「たゞ天地世間は、人の智にていかなる理とも、いかなる理にしるしともはかりしるべきものにあらず、たゞ古への伝にしたがふべきこと也」（『講後談』）とあってもこの段階ではその語はなく、ただ「思ひの外の理」としているのみである。その後の本居宣長はしだいに『古事記』の研究深化の過程で「妙理」を発見している。そのあらわれが、『古事記伝』巻八の高天原ならびに天照大御神の説明である。その中で「……すべて漢人は、ただ今日見聞事物の、尋常の理になづみて、其ノ外に測がたき妙理のあることをえ知らぬを、此方の人も、ひたすら其をよきことに思ひならひて、動れば神代の奇事どもをも、凡心の常理に強て当むとするは、返々も謬れることぞかし」とあることによってあきらかである。その場合の「妙理」は「古伝説」絶対信仰そのものである。

本居宣長はその点について、「人は人事を以て神代を議るを〔世の識者、神代の妙理の御所為を識ることあたはず、此を由て、世の凡人のうへの事を説なすは、みな漢意に溺れたるがゆゑなり〕我は神代を以て人事を知れり」（同上）とのべている。したがってそれが単なる『古事記』研究の成果にのみよるのではない。いいかえると全く関係がないとはいいがたい。それ故に「そもそも天地のことわりはしも、すべての神の御所為にして、いともいとも妙に奇しく、霊しきものにしあれば、さらに人のかぎりある智りもては、測りがたきわざなるを」（『直毘霊』）とあることによって明らかに証明することができる。しかしその時には「妙理」とはいっていない。その場合、本居宣長が対決したのは儒教的なさかしら「理」や老荘の「自然」なる思想とであった。その中で宣長は「さかしら」を批判するとともに「無為」を否定して、神の道の本然に帰ることをもとめたのである。そのために本居宣長は、「まづ自然を尊むと申す事は候はず、世中に何事もみな神のしわざに候」（『鈴屋答問録』）といって努力をかさねられねばなかなか体得できるものではなかった。

本居宣長は『道云事之論』では万葉仮名で『直霊』では仮名まじり文で「大御国は、かけまくも畏き神祖天照大御神の御あれませる大御国にして」とのべて「万国に勝れたる所由は、まづこゝにいちじるし、国といふ国に、大御神の大御徳かゝぶらぬ国あらめやも」と『直毘霊』ではコメントをつけている。その点において語句に多少異同はあるが、『道云事之論』もかわるところは全くない。

❖市川匡との論争

本居宣長の『直霊』(ことによると『道云事之論』かもしれない)を批判して『末賀能比連』をかいた市川匡(多門、一七四〇〜九五)は徂徠学派の大内熊耳門の儒者である。彼は『直霊』を批判したが全面的に反論したのではない。その点は尾張名古屋の国学者で万葉学の権威田中道麿が本居宣長にあてた書翰の中で、「市川多門といふ儒者あり。此人は世間一通りの儒者にあらず。元来江戸生、此四五年名古屋に住居。去し七月九日名古屋出立、此節藤川に居被申候。来春は名古屋へ帰り可被申候。三十七八歳の人、十三経そらんじたる人也。弟子取る事きらひにて、此人の弟子とてはなし。当の業は医師也。人はあふても学文ばなしせず。只常に、安藤玄中といふ医師と、田中道丸といふ男とをのみ友とせる人也」とあることによってもその人物はおよそ知ることができる。

市川匡は『末賀能比連』(安永九年)の巻末において「諸の禍心沢に萌出、他にも乃世にも、延んを聖人の道を領布として秡清めば云々」とあるように「末賀」は「禍」をさし、「比礼」は「領布」であったから、儒教擁護の立場にたって、聖人の道をもって禍事を払いきよめようとの意を示している。

彼は「陰陽は天地の道を喩(さと)すための仮の名、乾坤は天地の道と徳とを象(かたど)りたる卦の仮の名、五行は万の物を綜(すべる)ための仮ノ名……」（『末賀能比連』）といっている。そのことはいいかえると陰陽、五行、四大というようなことは、一般の人が考えやすいように事物事象を支配する原理であるのではない。これは儒教悟得の手段でしかなかった。そうしたものを用いて説明すること自体、ナンセンスきわまりないことである。したがって、陰陽がなぜ陰陽かなどということは、説明不可能なことでしかない。それ故に神代の事跡を支配するような「妙なる理」なども存在するはずのない、存在することのできないことであるといっている。

また市川匡（多門）は、古伝説絶対信仰の基底に対しても「凡て文字なき間に、此事はたゞ言伝のみにして消ぬる例の中なれば、上つ世の古事に、後の天皇の御慮に令成つる秘事なりけり、御国の史(ふみ)読ん人よく此旨を意得てよ」（同上）といっている。

さらに一歩すすめて「御国の古へも須佐之男神は凶き徳を行て天地を駭(おどろか)し、大国主神は天忍穂耳命天降んとしたまふ時、立どころに此国を奉ざりしは、大御神に叛由なからんやは。神武日向の国に興て服従ざるものを征伐て、倭の国に都したまひしかど、かの服従ざるものを事向しは兵起て穏にはあらしがし。後の御代にも熊襲が叛。東国の乱、三韓の征伐など民の苦労も少なからず。然るを御国の古へは言痛教も何もなかりしかど、穏に安く治りたる故、道と云うことはなけれども、道はありし、といへるは偽言なり。老子は道之可レ道非二常道一也。名之可レ名非二常名一也といへり、かの狂言は凡て老荘の旨に同じ」(同上)とのべて、老荘なみだと非難を加えている。

その上に「さて万国の事度は独聖人の道ぞ勝たりける。東照神御祖命の、天が下を治たまふ道も聖人の道にして、其御言にも文武忠孝を励よと令たまへり。如是にして応神より今の世まで、皇家武家の御代の称は変ども、聖人の道を用たまふことは同きを、左に右に聖人を譏奉こそ、あなかしこ。天つ神の御心にも。昔の天皇の御心にも、今の東の宮の御心にも背たてまつる罪なるべけれ。道の中に楽み居ながら、道の徳沢をしも知ざるものは、水に、魚の水を見ざるが如くなん」(同上)とのべて、聖人の学の批判は、幕藩体制批判だとまでおどろかしている。かかる体制擁護感覚は、文中の随所にみられる。

さらに儒教の易姓革命や禅譲への批判に対してはこれこそ天の御心に合いたる験でもあるといい、「元弘・建武の乱にも新田義貞、楠正成など名将ありしかど、朝敵には味方せん、官軍には味方せまじと云て、天が下皆足利に従ひき。百姓には学問もせず、漢籍の意もうつらず。真心のまゝなるに、猶朝廷に叛つるは偏に天の御為わざと知べし。かゝれば咎の所帰。泰時、尊氏に在ずして外に在べし」(同上)とのべて、天皇中心の考えに対して反論を加えた。それによって『直毘霊』論争はいっそうはげしいものとなった。

本居宣長は、「末賀能比連」に対し反駁書『くず花』(安永九年十一月二三日成立)をかいている。宣長は、市川匡が名のる聖人のかいたものを尊ぶことを批判して、文字なき世の中の否定、言い伝えのごとき古代伝承の世界の否定だともいった。そして文字ある世から文字なき世を推し測ることのあやまりをするどく追求した。こうしたところにも宣長学が民俗を尊重の上にたっていることがあきらかである。またそうした面をもっていたから逆に文献学的な基礎的な仕事も可能となったともいえる。

そうしたことはともかく先にかかげた市川匡の陰陽に対する批判に対して、宣長は、

余が本書に、目に見えたるままにてといへるは、月日火水などは目に見ゆる物なる様に、その一端につきていへるなり。此外も目には見えね共、声ある物は耳に聞え、香ある物は鼻に嗅れ、又目にも耳にも鼻にも触ざれ共、風などは身にふれてこれをしる、此外何にてもみな触るところ有て知る事なり、又心などと云物は、他一は触ざれ共、思念といふ事有てこれをしる、諸の神も同じことにて、神代の神は、今こそ目に見え玉はぬ、その代には目に見えたる物なり、其中に天照大御神などは、今も諸人の目に見え玉ふ………

とのべている。それというのも『くず花』は天道や天命説の虚妄をつき、天命が即ち神であるというように混乱した儒者の思考方法を論破した。神と天命は全く別のもので、天命が空理空論にすぎないものとのべたから、どうしても天照大御神が、天つ日即ち日の神として、目に見える存在であるとせざるをえなかったのである。その意味で『くず花』は日の国および日の神

信仰を打ち出している。これは中国中華観をつきくずすものともいえる。

ただその底をつらぬくものは古伝説絶対信仰であり「妙理」信仰そのものであった。また「聖人の道は焼亡也。老荘はばくちうちなり。余が直霊は里人也」(同上)ともいっている。これをみると里人、いいかえると常民のあたりまえの発言という考え方にたっている。いいかえると常識ではないが、通念ともいうべきものとしているのである。このようにみてくると『直霊』の成立は、本居学の成立そのものをしめしてさえいる。それだけに当時の学界へ波紋を投じたのである。それどころか、本居宣長の没後の文政末年より天保のはじめにかけて、その刊行を機にはげしい形で再び『直毘霊』論争が展開されてさえいる。

その核心には「漢国の意をのみ立て、その意を以て、皇国の意より見れば、漢国の意は非也。然るに難者、漢国の意をのみ立て、その意を以て、皇国の古へをも、ひらおしにおさんとするは、偏れる私心にあらずや、かくいはゞ、又、天地は一枚なれば漢国の意皇国の意といふ分あることとなし、分をたつるぞ狭き私心なるといふべけれ共、難者の漢意をのみ立て、皇国の古へを疑ふも、即分をたて丶、漢にかたよれる物なるを、我心は天地の極み、満足したりと思ふは、酔人の酔ることを覚えずしてわれ思へることとなしといふに同じ」(『くず花』)といっている。これこそ本居宣長の学問、思想の根本的立場を示したものといえる。

❖老荘批判

そしていわゆる「老子ニ云々」に対しては批判者はしばしば老荘を引き出してかれこれいうが、全く問題外の批判であるといい、「すべて他国に似たる説あればとて、必それを取れりと思ふは、いと固陋なり」（同上）と反論して、その理由は山川草木や人物鳥獣など大ていも同じものが多い。だからといって皆他国にならって造ったものなどといったら、すべて人のつくったものも、結局は同じ人間がつくったものということにしかならない。したがって「いづこの国も多くはかはらず」ということになる。

しかし道などというものはそれとは異なる「これ人のさかしらを以て作れる道」であって自然のものではなく作為したものであるからである。しかるに「かの老荘は、おのづから神の道に似たる事多し。これらのさかしらを厭て、自然を尊むが故なり、かの自然の物は、こゝもかしこも大抵同じ事なるを思ひ合すべし、但しかれらが道は、もとさかしらを厭ふから、自然の道をしひて立んとする物なる故に、その自然は直の自然にあらず、もし自然に任すをよしとせば、さかしらなる世は、そのさかしらのまゝにてあらんこそ、真の自然には有べきにそのさかしらを厭ひ悪むは返りて自然に背ける強事なり。さて神の道は、さかしらを厭ひて、自然を立んとする道にはあらず、もとより神の道のまゝなる道なり、これいかでかかの老荘と同じから

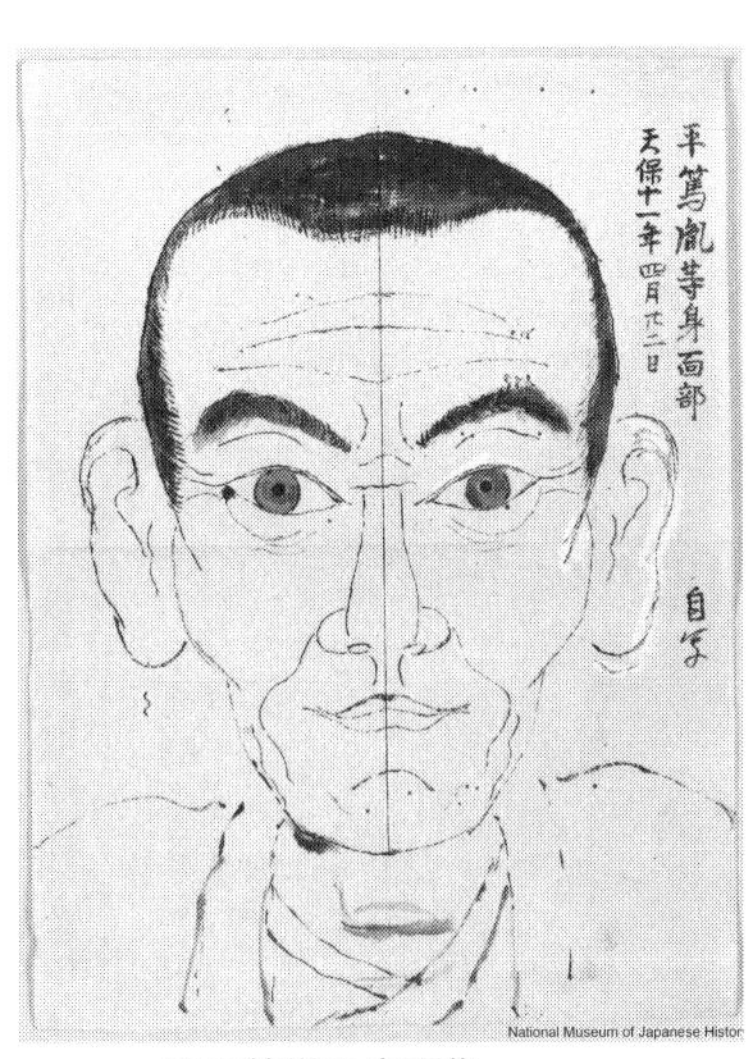

平田篤胤の自画像
（国立歴史民俗博物館蔵）

ん。されど後世に至りて説ところは、かの老荘といとよく似たることあり、かれも自然といひ、これも神の道のまゝなる由をいへばなり。そも〳〵かくの如く、末にて説ところの似たればとて、その本を同じといふべきにはあらず、又似たるをしひて厭ふべきにもあらず、人はいかにいふ共、たゞ古伝のまゝに説べきもの也」（同上）といっている。この部分など『直毘霊』の「かの老荘がどもは、儒者のさかしらをうるさみて、自然なるをたふとめば、おのづから似たることあり。されどかれらも、大御神の御国ならぬ、悪国に生れて、たゞ代々の聖人の説をのみ聞なれたるものなれば、自然たりと思ふも、なほ聖人の意のおのづからなるにこそあれ。よろづの事は、神の御心より出て、その御所為なることをしも、えしらねば、大旨の甚くちがへる物をや」といっていることを敷衍したものにすぎない。

それはともかくとして、その底には、儒教批判があり、それからはなれることが第一前提とされねばならないと云われている。

『直霊』の成立は『直毘霊』のもとであるだけに、さらに前述したように論争の素材である故に、この部分に着目することはきわめて大切なことである。その点平田篤胤になると、本居宣長とはいささか見解が異なって、玄学——老荘にさらに一層ひきつけられている。それは篤胤が神と自然とを宣長のように区別することなく、自然は神の道だと考えていることに由来する。カムナガラは自然である、という考え方にもたっていたためである。その著『赤県太古伝』をみると「道ハ自然ニ法ル」といっている。この解釈などその代表的表現といえる。

本居宣長は「よろづの事は神の御心より出て、その御所為」と考えていたので、『直毘霊』において「あなかしこ、天皇の天下しろしめす道を、下が下として、己がわたくしの物とせむことよ」とものべている。

これはいうまでもなく「下たる者」の心得をのべたところである。そのいわんとするところは、絶対服従ということにつきる。すなわち「下たる者は、とにもかくにもたゞ上の御おもむけに従ひ居るこそ、道にはかなへれ。たとへ神の道の行ひの、別にあらむにても其を教へ学びて、別に行ひたらむは、上にしたがはぬ私事ならずや」といっている。これは彼が幕藩体制秩序そのものでなく「天皇の天下しろしめす道」のみを自分のものとして体得することがもっとも重要なことであるとしているためである。

❖大化改新への批評

かかる見解をとる本居宣長は、過去に対しても、その考えを溯及させている。いいかえると大化改新の歴史に対しても、そのよってたつ立場から批評を加えている。彼は『日本書紀』の難波長柄朝廷御巻――孝徳紀に「惟神者、謂₂随神道亦自有神道₁也」との記述を尊重しているが、改新の内容にふれることは少ないが、別のところで難波の長柄宮、淡海の大津宮いいかえると孝徳、天智朝に至って、天下の制度を漢風にし、古風は神事にのみしか残らなくなったといっていることからも、大化改新は中国の模倣であると考えていたようである。この点に関しても平田篤胤と異なっている。篤胤は公然と大化改新論を展開し、孝徳天皇の政治姿勢を「まずみ世の民のおしなべたる情ざまを探ぐりおきたまひて、その情に甚くもとほらず、労き慰めをさめ給はむのみ心にて」(『古史徴開題記』)とのべ、世の民の情をよく考えた政治をされたことを評価し、その姿勢で役人に向かい、有司を指導したといっている。その点、本居宣長は、世直し状況下にありながら基本的には上から下への道を施すという立場を一貫しており、大きな差はないが、平田篤胤の場合は、「世の民の情」にかなり力点を移している。こうした力点の移動こそ、篤胤の古史批判の姿勢ともかかわるのではあるまいか。

本居宣長は、主著『古事記伝』巻一において「書紀の論ひ」をかいている。その中で、

『古事記伝』巻一　（本居宣長記念館蔵）

まづ神代巻の首に、古天地未レ剖、陰陽不レ分、渾沌如二鶏子一云々、然後神聖生二其中一焉といへる、是はみな漢籍どもの文を、これから取集て、書加へられたる、撰者の私説にして、決て古の伝説には非ず、次に故曰開闢之時、洲壌游魚之浮水止也云々とある。是ぞ実の上代の伝説には有ける、故曰とあるにて、それより上は、新に加へられたる、潤色の文なること知られたり、蓋然らずは、此二字に何の意ぞや、初の説は、其趣すべてこざかしく、疑もなき漢意にして、さらにさらに皇国の上代の意に非ず。古をよく考知られむ人はおのづから弁へつべし。そもそも天地の初発のありさまは、誠に古伝説の如くにぞ有りけむを、いかなれば、うるさく言痛(こちた)き異国のさかしら説を仮り用ひて先首にして挙られたりけむ。

とのべて、『日本書紀』を批判して、『古事記』尊重の重要さをのべ、それにくらべると、『書紀』は「神代の事は、みな仮の作りごとの如く」にしているときびしく追求している。したがって本居宣長の上から下への道を施すということは、古伝説絶対信仰に支えられ、古伝説そのものにある神代の事実をふまえての発言でもあった。さればその考えにたつ限り不可知不可測なものの中に道があることを考えざるをえなかったのである。

しかも本居宣長が『くず花』をかいたころには、世間の風儀を「神のしわざ」のあらわれと考えさせていた。ところが天明の「世直し状況」の深化は「近来の世の風儀は、ただ眼前の損得の事のみを計りて、根本の所を思ひていふ料簡をば今日の用にたゝず」（『秘本玉くしげ』）とあるように、世間の風儀を批判の対象にしなければ、世の中が治まらない時代となっていたのである。こうした変化こそ宣長の『くず花』より『直毘霊』を経て、『秘本玉くしげ』成立までの間の態度の変化を示すものといえる。

❖惟神道の自然と老荘の自然

宣長は『直毘霊』において「天地のことわり」は、「すべて理の御所為にして、いともいとも妙に奇しく、霊しきものにしあれば、さらに人のかぎりある智りもては、測りがたきわざなるを」とのべ、「一切は神の御所為」、いいかえると「妙理」であるといっている。したがって惟神道（かむながらのみち）の自然と老荘の自然との相違点も老荘の自然が所詮「自然なりと思ふも、なほ聖人の道のおのづからなるにこそあれ」(同上)ということに求められ、「一切は神の御所為」と考えるかどうかに求められている。その意味では老荘の自然は、宣長にとってみれば結局実体のないまったく無内容そのものであった。宣長は自然にかえるということをもって、無為にかえることでなく、神の道の本然そのものに帰ることと考えてもいた。

それは宣長が「人は皆産霊日神の御霊によりて、生れつるまに〳〵、身にあるかぎりのわざはおのづから知りて、よく為るものにしあれば古の大御代には下が下まで、ただ天皇の大御心を心とし、ひたぶるに大命をかしこみ、うやまひまつろひて、おほみうつくしみの御陰にかくろひて、おのも〳〵祖神を斎き祭りつゝ……」(同上)と考え、すべてが産霊神の所為のままにくらすときはじめて「穏かに楽しく世をわたらふ」ことができるとのべ、これこそが庶民生活安定の道であるとしている。したがって庶民は、天皇、産霊神を崇めればその生活が安定するとされた。それは産霊の神の委任で、天皇が庶民の生活を安定させるように治めているが故に、その道は単なる天地自然の道でもなく、また人のつくった作為の道でない。それどころか、むしろ高御産霊神からイザナギ、イザナミをへて天照大神につたえられた道である。したがってこの道は、かの天壌無窮の神勅が示す「万千秋の長秋に吾御子しろしめさむ国の道」でもあった。いいかえると、産霊神、天照大御神が天皇への大政委任によってつくられた道でもあった。それ故に、大御神の大命には、天皇が悪い時にはしたがわなくてもよい道ではなく、それどころか、そうしたことをうかがうことすらできない万代にかわらぬ道でもあった。ここに大御神が天皇をこの国につかわして政治を委任したという古伝説絶対信仰そのものがかくされてもいた。

したがって後年宣長の学説の継承を志した岩政信比古は「皇朝学者ナガラ京ノ城戸千楯ガ著セル学ノ広道ト云書ニ、コレハ仁ニアタフン、コレハ義ニアタランナド論ヘルモ、全ク此猿ウラヤミ也、鈴屋門人ノ心ニアラズ」（直毘霊書入本）といっていることからも、その根本が古伝説絶対信仰にあったことはよく知られていることである。

また鈴屋門国学者で伊豆の豪農竹村茂雄は『直日霊端書』において、「此書の各直日霊とつけられたるは、古事記の上つ巻にかれ伊邪那岐大神詔たまひつらく、吾が伊那志許米しこめき穢き国に到りて在けり、かれ吾が御身の禊為などのり給ひて云々、初て中瀬に降加至岐て滌き給ふ所に成ませる神の御名は八十禍津日神、次に大禍津日神、此二神は穢きしき国に到りましゝ時の汚垢に因て成ませる神なり。次に禍を直さむとして成ませる神の御名を神直毘神、次に大直毘神、次に伊豆能売神云々とあるによられたるなり」といっている。これをよむと、直毘神による世直しの書のごとくよみとることが可能である。

❖当然理の否定

『くず花』『直毘霊』ともに、天命だけで世の中はとくこともできなければ、事実において邪が多いことからもみとめることはできない。いいかえると世界の矛盾は天命説——善神だけでとくことはできないといっている。したがって世の中には禍津日のあらびが存在し、それはしかたがないことである。これも「神のしわざ」でいかにせむすべもない所為であるといっている。これは「当然理」を否定したものでもある。宣長は「禍津日の妙理」をつねに強調している。それは『大祓詞後釈（おおばらえのことばごしゃく）』においても禍津日神に関する妙理が克明に語られているからである。これは何らかの意味で世直しを直毘神の働きによってなしてもらいたいとの願望を内にひめていたためである。このようにみてくると、われわれは、そのような考えが何より生じたかということをどうしても考えないわけにはいかなくなる。もちろんその過程に横たわっているのが、本居宣長の主著『古事記伝』である。その意味で『古事記伝』を回避した形で、古事記翁ともいわれた本居宣長をとくことはできない。

凡て漢籍の説は、此の天地のはじめのさまなども何も、みな凡人の己が心もて、如此あるべき理ぞと、おしあてに思ヒ定めて、作れるものなり、此間に古伝は然らず、誰云出し言ともなく、たゞいと上代より、語り伝へ来つるままなり。此二つをくらべて見るに、漢籍の方は理深く聞えて、信に然こそ有りめと思はれ、古伝の方は、物げなく浅さと聞ゆるからは…（『古事記伝一』）。

とある。これをみても宣長が、「常理」「当然理」とことなったものの上にたっていることが明らかである。

このことは極言すれば全く理性は無力で、限界のあるもので、すべて物の理はいかなる故とか理によって認識できるものではなく、説明できるものでもない、といっていることである。また人間の目の及ぶ限り、測算の及ぶ限りのこと以外はあてにならないことだとも考えている。そうした中でしだいしだいにいきついたものは、ただ古伝説絶対信仰である。その内容をなす「神代」そのものが、現実を支配する原理のもとをなすと考えたことである。これが世の中を「妙理」が支配するという考え方である。

宣長が『直毘霊』において発見した「妙理」は、現実支配の原理として機能したのは、天明の「世直し状況」がピークとなったときや、そのピークをすぎ、『古事記伝』のほぼ完成に近づいたころ、もっと細かく時期を区切れば『玉かつま』の成立したころにおいてである。

しかしだからといって、宣長は決定論者ではなく、無条件服従論者でもない。彼は「言挙（ことあげ）」の意義づけをし「如此までも論ふも、道の意にはあらねども、禍津日神のみしわざ見つつ黙止えあらず、神直毘神大直毘神の御霊たばりてこのまがをもて直さむとよ」（『直毘霊』）といっているように、人間の行為が神の所為に与える影響と考えている。とくに「まがごと」に対しては「言挙」しても、これを直そうとつとめている。

❖求めつづけた「妙理」

しかも京都遊学時代より求めつづけた「妙理」は『直毘霊』において成立するのであるが、『くず花』の中で「その至る限の外」を考えている人智の限定外の問題であるといっている。ただはじめは、宣長も「理」にある種のこだわりを感じていた。

ただ宣長は初めから「理」を否定して、世界は不思議だと考えたわけではないし、不可知論の立場にたっていたわけではない。それ故、本居学の成立にあたっても、西洋知識が大いに力をもっている。たとえば天動説にたつなど不完全ではあっても洋学の知識をそのまま素直にみとめている。それ故にそうした面からも仏教批判を展開し、月蝕の説明でも須弥山(しゅみせん)の障(さわ)りなどというような考え方は全くみとめず「地球の障(さわ)り」である位のことは認識していたのである。このことは、すべてあやしきことと見てあやしからずなどというのはかしこきににているが、その本(もと)をおしはかるだけのものをもっていない考えである。このようにみてくると、みることの出来るもの、人がさわることのできる経験的な所為はみとめていたのであって、何でもかんでも否定したのではない。いいかえると経験的立場よりの理のとらえ方まで否定していないのである。

このようにみてくると、宣長が、天地の開闢のことを「人の見ることなきものなれば」といっていることの比重の大きさがわかる。「不可知、不可測」はその限りでは、経験をこえたものとして位置づけられているのである。そうした事実を、もしわれわれが「妙理」成立の過程にあったことを否定するならば、宣長の実証主義的精神と全く矛盾したものとなってしまうのである。

❖「妙理」こそ古学の眼

そのことは「妙理」こそ「古学の眼」をとらえるための「妙趣」であるといった二重に限定された上で成り立つことの意味を考えなければならない。

ただそれにもかかわらずこの「妙理」については、宣長は『直毘霊』以後、かえってかぎりなき「妙理」のもつ意味を反芻(はんすう)して意義づけている。それだけにまた「妙理」の成立が宣長学にとって重大な意味をもっている。

しかし多くの場合「妙理」という形でこれを示すことなく、むしろ「人の智もてはかりしるべきものにあらず」といったり、「伝無ければ凡人は知りがたし」ともいって、伝説のないものはどうしようもないと逃げている。これは逆にかえせば、古伝説がありさえすれば、そのままを信ずればよいとの意である。かかる見解への到達のために、宣長は、身をもって『古事記伝』の研究のなかで体得したのである。それ故に、その経験的事実は否定できるはずがなかった。

『古事記伝』の成立

❖『古事記伝』と真淵

本居宣長は新上屋にて賀茂真淵と会見した翌年、『古事記伝』の稿をおこした。これはすてかえりみられることうすき『古事記』への関心が碩学（せきがく）のはげましをうけたことのよろこびと大きな関係をもっている。

『古事記』が不遇であったことは、『古事記伝総論』に宣長自身「今の世までも伝はれるをおもふべし」とのべて「古への正実」を伝えたものと考えている。宣長が『古事記伝』に着手したのは、前にふれた通り、明和元年（一七六四）正月一三日である。

その翌二年一二月二一日付けの真淵の宣長あて書翰には、「古事記之事、秘籍といふにはあらねど、小子本は自二先年一騒忙中にさまざま書、或は抹殺多候て他見には弁がたく候まゝ、春中得二少閑一候而、其紛乱を白粉もてぬり明め候て後可レ遣候」とあって、『古事記』の借覧を宣長が依頼したところがあまりにも書き入れが多く雑然としていてみにくいだろうからといって、これを整理した上で貸そうといっている。そして翌々年の明和四年（一七六七）一一月一八日付の宣長あて書翰で、真淵は、これを承知している。これは催促をうけたが「拙本は先年より種々書ちらし、いまだ非をも抹去をも不レ致候へば、遺候而却而御不審多く可レ有レ之候間、門人之本をかり候て可レ遺候也」とある。そして翌明和五年になって、福島長民の訓読本の上巻だけをかりることができた。

この時、『記伝』は四巻まで完成していたのにとどまる。それから巻五を脱稿するまで、四年間の空白ができたのは、おそらく本居宣長が師真淵の説によった『古事記』訓読本をかりうけて、その研究をすすめるために、再び基礎的な学習をつみかさねたためと考える。

その間に真淵は、『古事記』中巻については、今度は約束にしたがって、自分の訓読本を送ろうといっている。これは自分の書き入れ本ではなく門人の書き写したものであった。しかし下巻は他所へかしてあるので、しばらくおくれたが、これも六年九月くらいには送っている。

このようにみてくると、本居宣長は、師賀茂真淵より具体的な形で学恩をうけている。

宣長の『古事記伝』は、彼の主著であるにもかかわらず、あまりにも膨大であるために、多くの人は、自分の都合によってのみ研究し、本格的にとりくむ人が少ない。しかも他の多くのものと異なって、『古事記伝』は、今も『古事記』研究の必須の基本図書として文字どおり現代にいきており、歴史的文献になりおわってはいない。またその方法も、克服されていない。

それ故に「本書が精密な文献学的方法に立脚して旧来の独断と曲解を排し、帰納的、客観的に『古事記』の本文を研究した大書であり、質量ともに『古事記』の注釈として空前のものであったばかりでなく、宣長の学問の方法を具体化したものとして、すでにそれ自身一つの古典としての地位を占めるものである」と大久保正はいっている。まことにその言のとおりである。この『古事記伝』の中で、宣長は賀茂真淵の学恩をこうむって『古事記』が尊い御典であることを認識したといい、その発見の功績をあげて賀茂真淵に帰している。

しかしその実は、あくまでも『古事記伝』を研究した主役は、本居宣長であった。宣長がもつ、自分のかいた『排蘆小船』『紫文要領』さらには『石上私淑言』にこだわって、真淵にあったときは、「万葉→宣命→古事記」についての真淵の見識をただささなかったならば、『古事記』を通じての、いな、『万葉』、『祝詞』を通じての、恩師の学恩をうけることはできなかったはずである。

それをあえてしたところに、宣長が歌論をすてて、『古事記』研究に従事しようとする主体的とりくみ、いいかえると宣長学の飛躍的発展を期そうとする内面的充実があったといえないだろうか。

その時、「やまとごころ」のとらえ方に対する感覚の違いなどにはじめからこだわるようなおろかな態度はとらず、あとから学ぶものとしての、教えをうけるものとしての謙虚さを身につけていた。ものをしらぬものの傲岸(ごうがん)さをおそれるその人の態度こそ青年宣長の魅力を倍加させる。それは賀茂真淵に強い印象を与え、江戸に帰って県居(あがたい)に人をあつめ、一人の才子にあったことを人に告げているほどである。また宣長も『玉かつま』の中で、「真淵の教戒により」とかいているために、大きな転機を与えたのが真淵であるようにみられがちである。ところがこれは、宣長の京都遊学が母の理解によって実現したというかき方と通じている。

彼は、ことをすべて自分以外の人の力によるものとしている。その実はそうでないことは、この場合でも穿鑿(せんさく)すればいよいよあきらかになる。たとえばその古語研究なども考え方によれば契沖によって触発されたともいえる。

❖本格的仕事への出発

それはともかく宣長学は『古事記伝』制作過程に入って、次から次へと本格的な仕事がすすんでいる。『直毘霊』『紐鏡(ひもかがみ)』『字音仮字用格(じおんかなづかい)』『馭戎慨言(ぎょじゅうがいげん)』『万葉集玉の小琴(おごと)』『詞之玉緒(ことばのたまのお)』『くず花』『真暦考』『言語(御国詞(みくにことば))活用抄』『漢字三音考』『玉くしげ』『秘本玉くしげ』『国号考』『玉鉾(たまぼこ)百首』などが、宝暦〜天明の世直し状況下に成立している。このようにみてくると、宣長学は、『古事記伝』神代之巻の成立過程において確立されたということになる。

さらに考えの中に入れておかねばならないのは『古事記伝』成立には大きな協力者がいたこ

とであり、あるときは、わが子春庭（一七六三〜一八二八）、門人たちであり、ときには宣長をとりまく朋友たち、または先輩であった。なかでも伊勢の津の国学者谷川士清との関係である。

❖谷川士清と宣長

本居宣長は、宝暦一〇年（一七六〇）九月一四日に松阪魚町の村田彦太郎の女みかと結婚し

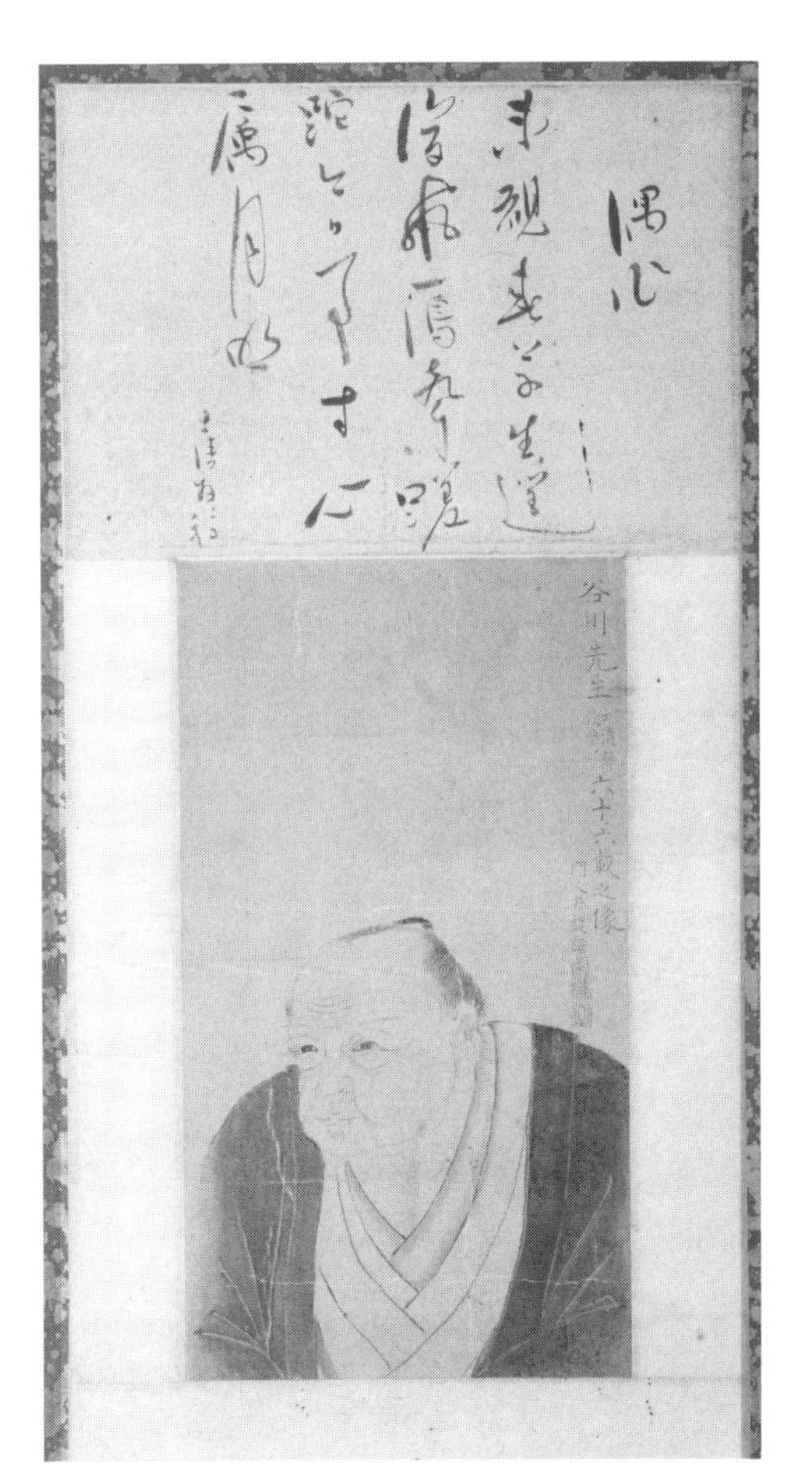

谷川士清の肖像と筆跡
（津市教育委員会 写真提供）

たが、気が合わなかったので、同年一二月一八日には早くも離婚した。その後翌一一年、京都遊学時代の学友で、津分部町にすむ草深玄周の父玄弘の二女たみと結婚することとなった。たみの父玄弘は、藤堂侯侍医で二〇〇石八人扶持であった。彼女もいわゆる出戻りであったが、宣長の妻となり、名を「かつ」と改めた。妻の父草深玄弘も、媒酌人の岡眉山も、谷川士清（一七〇九〜七六）と親しかったので、両者の間にはむすびつきができた。

やがて宣長は、明和二年（一七六五）八月四日には、士清に対し自己の立場をあきらかにし、その学説に批判を加えた。とくにその主著『日本書紀通證』と『和訓栞』に対しては、理に走り、儒仏に付会することを排して儒をにくむことが大切であるとし、自分が克服しつつあった陰陽五行の説は空理空論にすぎないとのべ、漢意を清くはらわなければ、神代のことはわからないといいはっている。

このようにみてくると、宣長はつねに師とか先輩に胸をかりて成長したといえる。真淵の生前は真淵に、谷川士清が生きているときには士清に向かっている。

いつも稽古役とされた谷川士清も、宣長学の真髄にふれてみたいと考えたか、『古事記伝』の借覧を申しこんでいる。それに対して、宣長は

かの注釈は、猶いく度もくかへさひ考へて後こそ人にも見せ奉るべけれ、まだしき程にはいかでものし侍らん。さきにはかたはし見給ひしだに、心ならず思ひ給ふる物を、まし

て全くはいかでかと、いとつゝましく思ひ給ふる物から、此度も又いとねんごろに見まほしうのたまはするを、猶いなみ申さんはいとかたじけなければ、えしもつゝみはてず、又一巻見せ奉る、ゆめをしむとなほおばしそ（明和八年八月一二日付）。

といっている。こうして宣長は、草稿本を見せて批評をえて、自分の学問の完成につとめた。士清への書翰の中でもふれているように、白子の村田橋比古にも見せている。

ただそれでも宣長は巻四までは容易に人に見せていない。これはいうまでもなく宣長が真淵の訓読本を見る前にかいたもので、これを手直ししたいと考えていたからではなかろうか。それにもかかわらず宣長は、それ以外の部分はできるにしたがって他人に見せている。また門人の中にはこれをうつしとる人も多くなっている。

この間本文についても異本との校訂をすすめている。それには自分の力だけでなく、門人の手伝いもよろこんでうけている。

谷川士清は、『古事記』の研究のみでは不十分であり、これだけでは、古代の大道をきわめることは到底（とうてい）できない、また三種神器授与の天壌無窮の神勅も教導の詔にすぎないといい、したがって宣長のように、太古に道がないなどと考えることはまちがいであるといった。このように立場が異なる上に、師真淵よりは、酷評をうけている相手に対しても、その学が契沖の『和字正濫抄（わじしょうらんしょう）』はもちろん、新井白石『東雅（とうが）』さらには僧文雄の『和字大観抄』にも通じ、真淵のものをよみこなしている蘊蓄(うんちく)の深さを尊重して、相互批判を展開したのである。宣長も、士清の『和訓栞』に対しても、和訓というのは、漢訓に対しての語で「和」の一字は不要ではないかとのべたのに対し、士清は、「日本の歌を和歌といい、書紀を日本書紀という。そうならばなぜ『和訓栞』でわるいのか」といっている。

『古事記伝』は、『古事記』の訓点や仮字の研究ではしだいにすぐれた内容をつくりあげた。これは、前述したように、賀茂真淵のもつ知識のすべてを継承し、谷川士清からも折りにふれて教示をうけたこととあいまって、結果として、契沖・真淵学の水準をこえたことのあらわれであることはたしかである。

❖漢意の排除

それでは、そのような成果をもたらした精神内容は、宣長が『古事記』の訓法の事の中で、特にとりたててのべているように、

大方平城の比(ころ)までは、世の人古語のふりをよくしり、又当時の言もなほ古るかりける故に、漢文訓との差別はおのづからよく伝へたりしを、後の世は只漢籍にのみ眼なれ、其の読にのみ耳なれたるくせのつきては、大かた語のさまその漢のふりと此方のふりとをえ弁へず、かしこげなる漢の方を美きが如く聴なして、万づの言おのづから其ふりに移りきぬること

鈴屋書斎に掲げられた「縣居大人之霊位」の掛け軸
（本居宣長記念館 写真提供）

おほし、このたがひめをよく弁へて、漢のふりのまじらぬ清らかなる古語を求めて訓べし、かにかくにこの漢の習気を洗ひ去るぞ古学の努（つとめ）には有ける。

といって何より漢意の排除がすべての根本であるとした。いいかえると古典をゆがめているものに対するあくなき追究にあった。いいかえると、それが教訓的なものの排除に向けられたのである。もしこうしたところをいいかげんにするならば、古事記第一主義の典拠すらゆるぎ『古事記伝』をかきあげようとした情念そのものが、無意味なものとなってしまうのであるまいか。

このように考えるとき、宣長の長いながい『古事記伝』研究をした執念に、こころから敬意を表せざるをえない。それどころか、宣長はただただ『古事記伝』の研究のみをしたのではない、出版上木のためには、経済的にも苦労し、さらに本文の文字を平仮名にするか片仮名にするかも考えあぐみ、平仮名を用いることを決め、自ら版下を書くことに努め、春庭に協力を求めてさえいる。

こうした努力の成果の上に、尾張名古屋の尾州藩家老横井千秋（一七三八～一八〇一）の努力や援助、さらに序文などを加えて、その第一巻が寛政元年八月（一七八九）に出版上木されたのである。

❖学問人への転身

その間の努力は、宣長を学問人にしたてている。とくに天明二年（一七八二）、門人三井高蔭の援助をうけて、一〇月一三日物置きを改造して二階に書斎づくりをし、一二月上旬に完成すると、この部屋は四畳半にすぎなかったが、文字どおり宣長の仕事場となり、その床の間には自筆の県居大人の霊位をかかげ、三十六歌仙になぞらえた三十六鈴を唯一の手慰みとして学習につとめている。

そして自らこの部屋を鈴屋と名づけた。のち、宣長の家が鈴屋と考える人も出ているが、もとはこのささやかな書斎そのものの名であった。彼は決して『古事記伝』の完成を社会的大仕事と考えてはいない。むしろ「迂遠」な文雅人の手すさびと考えていた。それにもかかわらず、鈴屋ができると、彼が世の人をすくうために、また糧を得るために選んだ家職である小児科医の収入が減少しはじめた。

本居宣長遺愛の鈴　（本居宣長記念館蔵）

それはよる年なみとともに、門下生の増大と、宣長の『古事記伝』著作が軌道にのりはじめたこととあいまって「迂遠」に徹したいと考えるに至ったのである。

世の中がきびしくなればなるほど、宣長は学問に沈潜したくなった。二階へ昇降する階段は八段であったが、下の三段をとりはずせば、上にのぼれないようにでき、それを紙屑入れにできた。また大の箱一つと一二の小箱をつくり、それに万葉仮名であさよひにとりいづるふみといちいちかいて、その中に蔵書、写本、詠草、その他を入れて整理をよくしている。

このように学問人としての環境づくりは、学問の能率化をすすめ、家職と学問を両立させるための経験的累積であった。

宣長はすでにのべたところでもくりかえしたように、経験に学ぶところが多い。これは日常的な生活態度、学問人としての姿勢の中にも生きていた。『古事記伝』著述に志してからたし

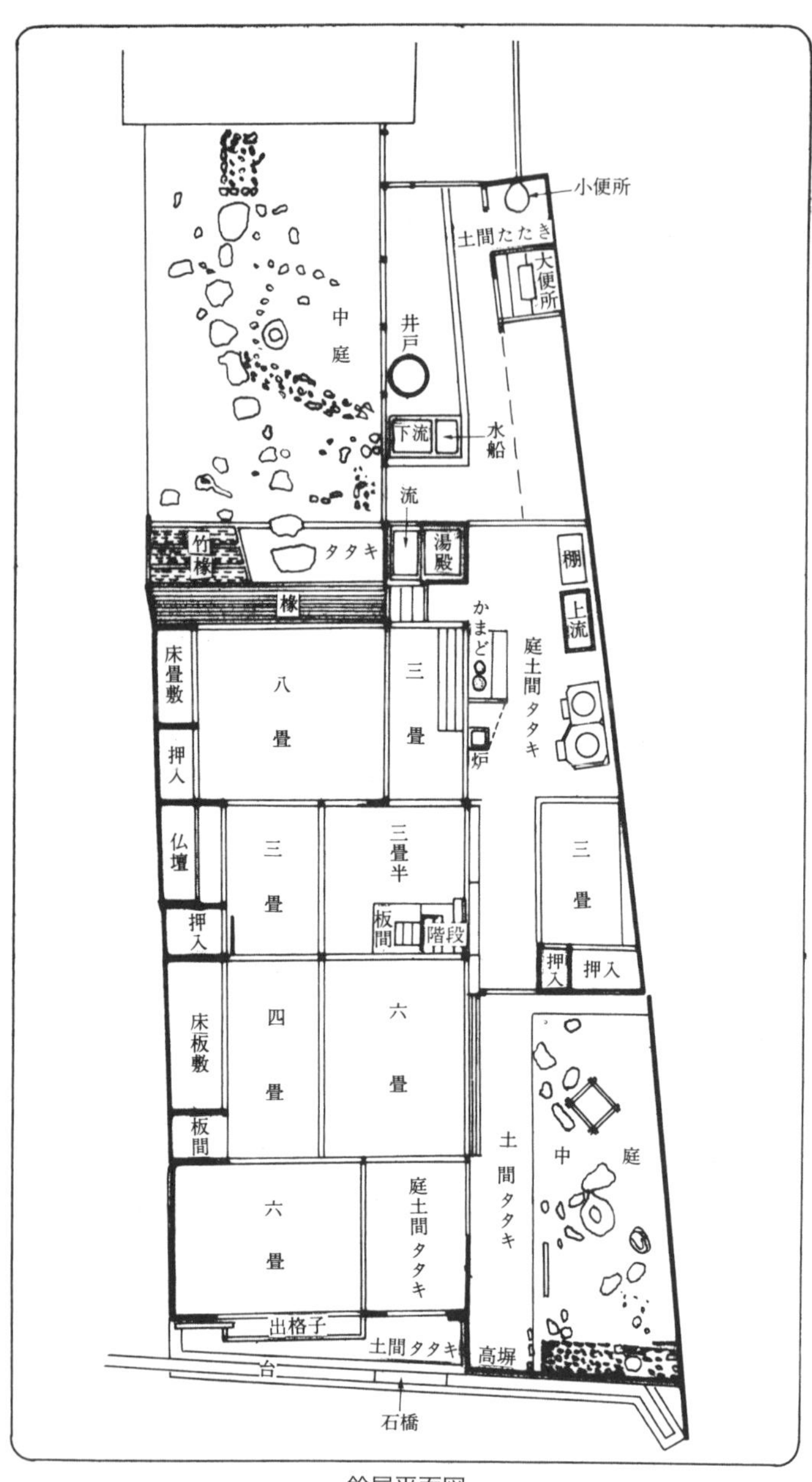
小便所
土間たたき
大便所
中庭
井戸
水船
下流
流
竹椽
タタキ
湯殿
棚
椽
上流
かまど
炉
庭土間タタキ
床畳敷
八畳
三畳
押入
仏壇
三畳
三畳半
板間
階段
三畳
押入
押入
押入
床板敷
四畳
六畳
板間
土間タタキ
中庭
六畳
庭土間タタキ
出格子
土間タタキ
高塀
台
石橋

鈴屋平面図

かに歌論的著述はへったが、和歌の制作はつづけられている。

❖へたな歌よみ

しかしその和歌も決して「風雅」をあらわすほど上手なものが多いとはいえない。そうした面ですぐれた感覚のもち主であったとはいいがたい。あれほど評論的な仕事をつみかさねながら宣長は、歌人としてあまりあとにのこる仕事はしていない。ただその生活を反映したものは少なくない。『鈴屋集』によると

おもしろきふみよむ時はねることも物くふこともけにわすれけり
朝夕に物くふほどもかたはらにひらけをきてそ書はよむべき
をり〳〵にあそぶいとまはある人のいとまなしとて書よまぬかな
たのしみはくさ〴〵あれど世の中に書よむばかりたのしきはなし

などとよんでいる。このような形は、本居宣長を尊敬した橘曙覧(たちばなあけみ)などに影響を与え、「独楽吟」となってのこされている。

もちろんこうした生活態度は、宣長が漢意批判を通じて、他人の学問に批判を加えたこと、その中で自分の学問をささえるものを「まごころ」に求める限り、自らの学問的態度を問題にしなければならなかったことによっている。これも、漢意批判が単に他人に対する批判として

のみ成り立てば、そうはならなかったにちがいない。

しかるに、学問の本質部分にかかわるとき、自己脱落型で学問を追求することは許されない。そのため宣長は、家職の学問の両立に対しきわめてまじめであった。

❖家職産業奉公論

家職産業奉公論の原型は荻生徂徠の全人民皆役人論にヒントをうけたものである。宣長は『家のむかし物語』によると、医をもって家を立てようとしたことはあきらかであったから「家のなりな怠りそねみやびをのふみは読むとも歌はよむとも」といっている。これからすると何よりも優先する前提条件として、家職産業奉公、家職勤勉論があった。したがって、宣長は家職に勤勉で、医に力をつくしている。それでもときには、ひまをみつけてはよく四五百(よいほ)の森の樹蔭で休んでいたこともあったといわれる。そのとき宣長は一体何を考えていたのであろうか。

Ⅲ

宣長とその時代

天明の「世直し状況」と本居宣長

❖生活への関心

この時期（明和から安永、宣長四二、三歳の頃）は、前述のごとく宣長にとっては『直毘霊』を完成し『古事記伝』の基礎を確立した時であったし、生活上においては医師から学問人としての生活に比重を移した時でもあった。政治的には世直し状況に対応して、「下の心」の一定の代弁さえ行なっている。これも、宣長が学問と生活との緊張関係の中に身をおいて、何事かをなそうと努力していたことのあらわれである。

それは彼が松阪の市民として生活関心をもち、毎年大晦日の日記に、その時その米価を書き記すほどの人であったからである。安永八年（一七七九）の年末には金一〇両あたりの米は三一、二俵とあり、「其他諸色下直（値）、世上寛也」とある。ところが天明二年（一七八二）には米価は一〇両で二〇俵に値上がりし、「諸色高直、世上困窮」と記され、翌三年三月には一七俵、五月になって一四俵、七月に浅間山の噴火があり、同年末には「今年諸国之内凶年之国々有之、就中奥州仙台南部津軽辺大凶年、南部津軽辺者餓死者過半之由」という東北の大飢饉の事情を伝えている。つづいて同四年正月には米一五俵内外、「奥州之飢饉者難尽筆紙」ともある。同六年末には「米価次第高直、全十三俵半位……諸色悉大高直、世上甚困窮」と物価騰貴の姿を明らかにし、翌七年一月には米価は一〇両で一一俵半にまで上がり、四月には九俵余りとなり、六月には六俵半ともいい、かつての米価の五倍位にまで暴騰している。その結果、江戸に騒動がおきたとある。

ついで天明七年（一七八七）五月朔日の項には「米次第に高直、諸国大困窮、但し在々はさほどにもあらず。町方甚だ困窮……」とかいてある。そして五月一〇日頃には「大坂大騒動、其外南都若山兵庫尼崎等所々騒動不遑枚挙、廿日夜ヨリ廿三四日頃マデ江戸大騒動、江戸中前代未聞ノ騒動也、江戸米価金一両ニ一斗二三升ニ至ル」とある。六月上旬には、「京都町人多参詣禁裏、拝南門、祈五穀成就、次第群参、大坂及河内近江丹波其外近国ヨリモ近々参詣シ、大令群衆之由有風聞」とかいてあるように、不穏な社会情勢の中で、禁裏参詣者が増加した点が強調されている。

❖『秘本玉くしげ』

宣長はこうした中で、彼の領主である紀州侯（和歌山藩主）徳川治貞のために、天明世直し

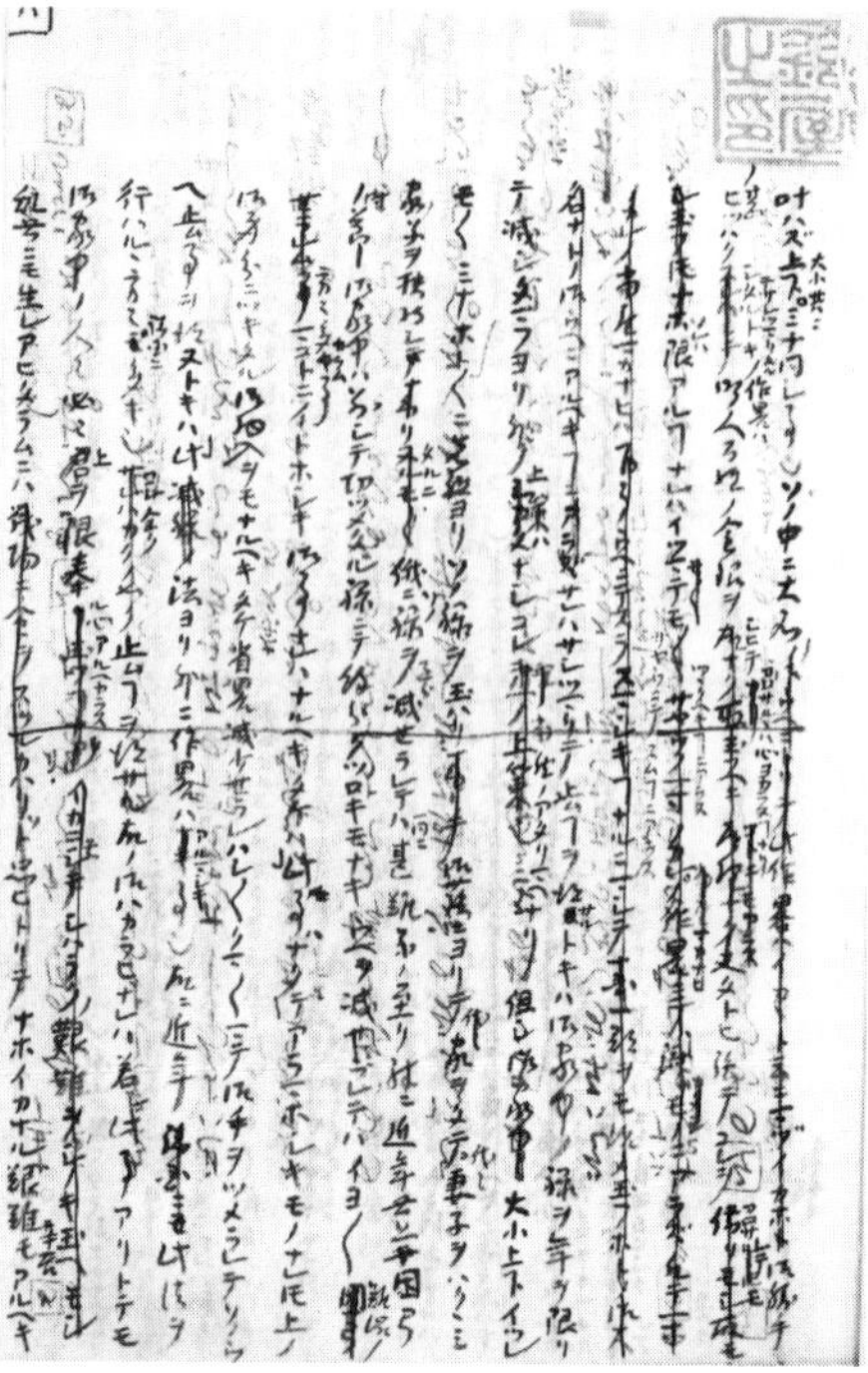

『玉くしげ』の草稿　（本居宣長記念館蔵）

状況打開のための方策を、同藩の勘定方をつとめている門人の建言によって意見が徴せられた。それへの回答が『秘本玉くしげ』である。

宣長は商品生産の発展に呼応することに反対して、あくまでも自然経済を守ることを主張し、世の中は俄(にわ)かに改めることはむずかしいとのべ、「時世の勢」には人力は及びがたきもので、しいてものを行なうことはむずかしいともいっている。およそものごとの一切の事は地より生ずるもので、土地こそが生産力の源泉をなすものである。それ故になくては困るものさえつくればよいので、それ以上のことをすることは、世上のおごり、いいかえれば奢侈(しゃし)をおしすすめることとなる。

したがって農業こそが有用なものである。それ故に商人があまりふえすぎると無用なものが多くなり、それだけ物入りが多くなり、世上困窮のもととなる。それ故に商業繁昌すれば、世上がにぎわい、繁栄したと考えるのは大まちがいである。たしかに商人・職人が多くなると、自由で便利ではあるが、世上を奢侈にし、困窮を増長するのみである。

かかる宣長の主張は、決して商業資本の代弁ではなく、松阪町人云々を強調することによって、宣長の思想を根拠づけることは成功しないことをしめしている。たとえこれが徳川治貞への意見書であるとしても……と考えるのは当然でなかろうか。

もちろんかかる建言の裏には商人の力がつよくなっている事実があり、百姓より身を労することの少ない世界へはいりたくなることについて理解している。また子が多い場合には一人だけを百姓として、他は商人に奉公させるとあるが、その場合、この時期には「せんかたなく」百姓にするものも多くなっていることを指摘している。

❖あはれにふびんなるもの

このようにみてくると宣長は本質的には農本主義的な考えのもち主ではないかとも考えられる、ということは、奢りと物入りのことごとくは、幕藩体制下ではことごとく百姓にしわよせられる、といい、しかるに、唐では十分の一であったのを「大宝のころ、令の御定めを考ふるに廿分(にじゅう)の一ほと」であった。ところが、鎌倉の武家時代より年貢は増加の傾向を示し、戦国時代には「田畑の物成(ものなり)の内、わづかに農民の命をつづけて飢に及ばぬほどを百姓の手にのこして、其余は皆年貢に取れるくらい」になってしまい、それが豊臣関白の時代になっても戦国のまま固定され、家康の時代になっても同じであった。もちろんかかる考えが正しくないことは事実であるが、そうした認識の中に、宣長の復古主義的理想主義がある。

その上に近来ますます年貢増徴政策がすすむに至って百姓は身を労し、心を労し、その上に「正味の米は多く上へ上げて、自分はただ米ならぬ麁末の物のみ食して過す也。これを思へば今の世の百姓といふものはいともいともあはれにふびんなるもの也」とのべ、治者たるものは、このような百姓をいためることなく、仁政の対象とするのでなければ、結局は「上の損失」をまねくこととなるという。

❖役人の誅求の否定

ここにおいて宣長は、役人の誅求を否定して、家中の減禄まで提案している。したがって、天明世直し状況の下で、「百姓町人大勢徒党して強訴濫放する」一揆、打ちこわしが生じても、その原因は「いつれも下の非はなくして上の非なるより起」こる場合が多い。たとえそれを弾圧したとて、敵とするものはすべて自分の領国の民であるから、武威だけでこれをおさえることはできないといっている。しかも「今の世、百姓町人の心あしくなりたりといへども、よくよく堪がたきにいたらざれば、此事はおこるものにあらず」とのべて、もともと百姓は温順なものであるといっている。そのためか、治者の対策が「近来此騒動多きにつきて、其時の上よりのあしらひも、ややきびしく成て、もし手ごはければ、飛道具などをも用ゆる事になり、これによりて下よりのかまへも其先年とは事長して、或は竹鑓(たけやり)などをもち、飛道具などをも持出し、惣体(そうたい)のふるまひ次第に増長する様子」よりおして「これはいよいよ容易ならず、此さわぎに乗じて万一不慮の変など相談事あらんも、又はかりがたきもの也」と警告を発している。

「高が百姓町人の事にて、その願ふ所を聞とどけだにすれば宜しく、又たとひ真坂に及びても、武具などもそろはず、戦の法などもしらぬ者なれば、畢竟(ひっきょう)は恐るるにはたらぬ事のやうなれども、もし上より用捨なくきびしくこれをふせがば、下よりもまた、いよいよ用捨なく身命をすてでもかかる事もあらん、其時たとひ武士一人は、百姓町人の三人五人づゝに当るほどの働きありとも、つひに多勢に及びがたからん事もはかりがたく、又たとひいかやうの計略をめぐらして、十分勝をとるとも、敵とするところ、みな自分の民なれば、一人にてもそこなふは畢竟は自分の損也」といって仁政の必要をといた。それ故に「近年たやすく一致し固まりて、此事の起りやすきは、畢竟これ人為にはあらず。上たる人深く遠慮をめぐらすべき也」と適切な対策の確立を要望している。

❖農民対策の要諦

宣長はそこでいったんは武断政策をとっても、結局は「非理のはからひをやめて、民をいたはる」のが第一であると考える。厳罰主義は権道でやめるべきものであって、永続することのできない一時的対策でしかない。それ故に農民対策の要諦は「民をいたわる」ことにあるといっている。これは前述したような農本主義的な見解をもっている限り当然な考え方といえよう。以上は天明七年の『秘本玉くしげ』にかかれている。それに先だってかかれた『玉くしげ』は天明六年の成立である。そしてこの方は、宣長の「古道論」をかきしるしたものである。

もともと『玉くしげ』という題名は、本書の冒頭にある「身におはぬしづがしわざも玉くしげ、あけてだに見よ中の心を」という歌によっている。その意味は治者は庶民の動向に関心をもてということである。宣長は『玉くしげ』の中で、まず「まことの道は、天地の間にわたりて何れの国までもただ一すじなり。然るに此道ひとり皇国にのみ正しく伝はりて、外国にはみな上古より既にその伝来を失へり」とのべて、天地の間、万の国の間に「まことの道」が存在しているのは、我国のみであるといっている。

❖産霊のみたま

その理由は、天地諸神万物の間のすべては、「産霊のみたま」によって生成されたもので、伊邪那岐、伊邪那美二神の国土万物もろもろの神を生成したのは「産霊のみたま」によっているとものべている。したがってこの「産霊のみたま」こそ「妙理」の体現者で、一切の批判をぬきにして、不可知不可測なるが故に、人智のおしはかりがたきものであるから、それ故に信仰すべきだといっている。かかる「妙理」の主張の成立は、『直毘霊』において確立されたものであり、それが定着化するのが、天明の世直し状況であったことを考えると、宣長は、家康の統一したことを礼賛し、東照神御祖命の勲功盛徳による撫育を強調していることとあいまって現状維持的ということができる。

　このことは「たとひ少々国のためにあしきこととても、有来りて改めがたからん事をば、俄にこれを除き改めんとはしたまふまじきなり、改めがたきを強て急に直さんとすれば、神の御所為に逆ひて、返て為損ずる事もあるぞかし」といって急な改革を否定している。また彼は、世の中の「顕事」即ち人事は、皇孫尊すなわち、天皇のしろしめすところであり、「幽事」すなわち「天下治乱吉凶、人の禍福など其外にも、すべて何者のすることとあらばしれずして、寔に神のなしたまふ御所為」は大国主命の司らせたまふことに神代よりきまっているというのであるから、現世におけるいかなる建設的熱意、改革的努力も結局するところ、冥々の世の中の支配の下にある以上は無力であるとの宿命観におちいらざるをえない状態であった。このようにみられるとすれば、『秘本玉くしげ』の例の一揆・打ちこわしを肯定した部分をとりあげて、市民的反対派としてその態度を評価することは、宣長のかかる立場に目をおおった評価といわざるをえない。ただ宣長は武士に対しても「当事役用の、しげくもなき家中衆は、大小上下共に、随分多く農作をさせ、家内婦人は女工を出精せられて宜しかるべきにや」といってもっと労働に力をつくすべきことをといたり、官僚制の弊害を除こうとしたかぎり、すべて改革を否定するほど固陋頑迷であったわけではない。その意味では一定程度、社会状況に対応するだけの柔軟な姿勢をもっていた。

それでも基本的にはやはり「古の道によるとして上の政も下々の行ひも強て上古のごとくこれを立直さんとするときは、神の当時の道はからひに逆ひて、返て道の旨にかないがたし」ともいっているほど、ラヂカルな保守主義そのものである。

そうはいうものの結局は「されば今の世の国政は、又今の世の模様に従ひて、今の世の御掟にそむかず、有来りたるままの形を頽さず、跡を守りて執行ひたまふが即ちまことの道の趣にして、とりも直さず、これ、かの上古の神随治め給ひし旨にあたるなり」といい、幕府政治の完全にいきつく形をとっている。かくて「今の世の人は、ただ今の世の上の御掟を、よくつつしみ守りて、己が私のかしこだての、異なる行ひをなさず、今の世におこなふべきほどの事を行ふより外あるべからず。これぞすなはち神代よりのまことの道のおもむきなりける。あなかしこ」とのべて、幕藩体制の維持の思想を表白している。

❖現実を当為と

かかる宣長の政治思想は、「君あししといへ共ひたぶるに畏こみ敬ひて従ひ奉る」（『くず花』）というように、すべて現実を当為と考え、承認する立場をとり、しかもそれを下下の立場からみとめている。したがって「君君たらずといふも臣以て臣たらずば有べからず」（同上）と説き、君が悪くとも「下より議することあたはざるは古の道」（同上）という考えに終始たっていたのである。

したがって、「世の中のよきあしきもこと〴〵に神のこころのしわざにぞある」「かもかくも時のみのりにそむかぬぞ、神のまことの道にはありける」「今の世はいまのみのりをかしこみて、けしき行ひおこなふなゆめ」（『玉鉾百首』）ともある。それ故に現世を讃美している。また「天てらす神の御民ぞ御民らをおほろかにすなあづかれるひと」「物つくる民は御たからつくらずはいかにせんとか民くるしむる」（同上）という民衆を撫育することに力をそそいでいる。

宣長は政治の本質を「其国々の政事は、天照大御神より、次第に預かりたまへる国政なれば、随分大切に執行ひ給ふべく、民は、天照大御神より預り奉れる御民ぞといふことを、忘れたまはずしてこれ又殊に大切におぼしめしてはぐくみ撫（いつくしみ）給ふべき事、御大名の肝要なれば、下々の事、執行ふ人々にも、此旨をよく示しおき給ひて」（『玉くしげ』）となす思想に示されており、法にふれることであっても、「とかく情実をよく勘へて軽むる方は難なかるへし」(『秘本玉くしげ』)といって、寛大な措置をとることを主張している。

そうした中でも宣長は、あくまでもかたくなに「西戎の道をまじへ用ひらるる時代に至ては、おのづからその理屈だての風俗にうつりて、人々おのが私のかしこだての料簡いでくるままに、下も上も御心を心とせぬやうになりて、万の事むつかしく、次第に治めにくくなりて、後にはつひに西戎の悪風俗にも、さのみかはらぬやうなれるなり」(『玉くしげ』)とのべて、日本が日本の固有な風俗を守り、古道の上にたって、「西戎」になずんではならないとのべている。そのことは、「さかしらに神代の御書ときまげて漢のこころになすが悲しさ」(『玉鉾百首』)の嘆きにも通じており、まさにこの点こそ宣長の本質であったのではあるまいか。

❖限りなく深き「妙理」

それを支えていたのが『直毘霊』が到達した「妙理」である。宣長は『玉くしげ』の中でも「返て限りなく深き妙理」といっている。これは「神代の次第をよくよく工夫して、何事もその跡を尋ねて、物の道理をば知るべきなり」といって『記紀』二典を追究している。これこそが「妙理」を明らかにする方法でもある。

いずれにせよ宣長は、世直し状況に対応して、「近来の世の風儀は、ただ眼前の損得の事のみを計りて、根本の所を思ひていふ料簡をば今日の用にたたず。まはり遠き事にしてとりあはぬ習となれる。これは大なるひが事なり」(『秘本玉くしげ』)とのべて、世間の風儀批判につとめている。そしておよそ学問にしたがうものとしては、「時世のもやう、国所の風儀、古今の変化」や「世俗の料簡」をよく知るように学問に努力するのは当然であって、それによってのみ儒学にかわる「まことの道」を学びとることができ、「古学」の効用を世に示すことができるのではないかといっている。

宣長の立脚した「妙理」は「当然の常理」とは異なった立場であった。その点について遠州掛川在の平尾八幡神主栗田土満(くりたひじまろ)に対し、『不思議を信ぜざるは漢意也。……中略……今の世にをりをり不思議なる事共のあるは十に八九は狐のしわざ也。然ば是又神のしわざ也。神と申スは色々広キ名に而候事、玉鉾百首にも有レ之候通也」(天明七年一一月一二日付書簡)とのべている。

そして古典にみられる天地の諸神とは、これをまつる社の御霊、その他人間、鳥、獣、草木、海山にいたるまで、何にもあれ、すぐれてかしこくあるものである。これを具体的にいうと、(一)人の中には、(イ)代々その天皇、(ロ)神なる人、(ハ)一国一里一家のうちにもあり、(ニ)神代の人は皆神なりき、(二)人ならぬものの中には、(イ)雷(鳴神)、(ロ)竜、木霊(こだま)、天狗、狐、(ハ)虎、狼、(ニ)桃子、(ホ)御頸玉(くびたま)、(ヘ)磐根、木株、草葉、(ト)海、山などを含んでいる。こうしたものの力を背景にして、神を考えていたのである。

❖経世の実学

天明の世直し状況は、多くの知識人にさまざまな波紋を投げかけている。しかしその中で本居宣長は、もっとも政治の根本について疑問を提出している。彼は「今日の政務にはまことに迂遠にして、却て世俗の料簡にもおとる事もあるもの也」とのべて、四書五経の適用などでは今日の政事をあつかうことはできないといっている。したがって「一等学問に深く身を入れて、経書のみならず歴史諸子などをも取あつかひ、その意味をも思ひ、古今にひろくわたりて、何事をもよく弁へ、経済の筋をもよく呑込たる人の料簡は、本をも末をもよく照し考へること故、誠にあつぱれと聞えて、俗人の及びがたき事多し、なほ又世にしられたるほどの学者の経済の心がけあるは、いよいよ学問も厚く広ければ、猶さら宜しきことば多き也」といい、宣長が広い立場にたちながらも経世の実学を尊重していることが明らかにされている。加えて階層分解の進行に当たっては、「貧しき者はますます貧しく、富る者はますます富こと甚し」い傾向を指摘して、「富人の金銀を散じて、貧民を賑はすべき仕方」を工夫すべきことをといている。

また貨幣経済の本質や弊害にもふれて、「惣じて金銀のやり引しげく多き故に、世上の人の心みなこれにうつりて、士農工商ことごとく己が本業をばおこたりて、ただ近道に手早く金銀を得る事にのみ目をかくるならひとなれり」、「いはんや業をばなさずして、ただ金銀の上のみにて世を渡る者は、みな遊民にて、遊民の多きは国の大損なれば…」とのべている。その意味で貨幣経済は全く「世上困窮の基」となるといっている。宣長は、商業資本の跛行的発展に対し「惣体正物にて取引すべき事は、少々不便利にはありとも、やはり正物にて取引をして、金銀の取引のすぢをばなるべきだけはこれを省き、猶又さまざまの金銀のやりとりなどをも、なるべきだけは随分これを止め、又為べき事を金銀にて仕切るやうのすぢは、猶更無用のあらまほしき事也」とのべて、正物取引より自然経済への復帰をといている。その上にたって貧富調節論や正物取引論などを主張している。それにくらべると他の人々は田沼政治批判をしてはいるが、印象批判にとどまるものが多い。

もちろん宣長の場合といえども具体性は為政者ではなかったから必ずしも十分ではない。それ故に心情之論となっている場合も少なくない。武についての警告でも、外敵をいたずらに恐怖の対象とすべきではないといい、「日本は有難き神威の護りの厳重なる事は申すに及ばず、国の殷富、田地人民の甚だ多きことは外国のかけても及ぶところにあらず、殊更御当代天下諸国の藩鎮の盛大なる今、たとひ武備は少々怠り有りといふとも、なほ甚だ堅固なれば、たとひ他のいかやうの大国より寇賊来るといへども、さのみ畏るるにはたらず、ゆめゆめ聞き怖ぢなどすべきにあらず、これ又武士の常に心得居るべきことにて、西国方は申すに及ばず、何方にても海面を受けたる国々は猶更なり」（『秘本玉くしげ』）とはげましている。

❖朝廷の尊崇と敬神

その上に朝廷の尊崇と敬神とがとかれ「神事のみは次第に加へまさんこそ本義ならめ」（同上）ともいい、そこでは奢侈をいましめることなく「神事は風流俳優などをなし、酒を飲み楽しみ遊ぶを無益の事と思ふも大いにひがごとなり、神に物を供して祭るのみならず、人も同じく飲食し面白くにぎはしく楽しみ遊ぶを神は悦び給ふことなり」（同上）ともいっている。したがって宣長は精神運動の意義をみとめ、それによって世の立て直しを考えてもいたのである。

❖内山真龍と宣長

同じ国学者でも内山真龍（一七四〇～一八二一）は、遠江国（静岡県）豊田郡大谷村庄屋であったためか、宣長のように傍観者的立場にたつことさえできず、天明三～六年の二俣の打ちこわしにおどろき、郷土防衛・自己防衛に専心これにつとめ、天明六年一〇月一七日夜には、自らの家も打ちこわしの対象となったため、やむなく一揆と対決せざるをえない状況においこまれている。そのくせ具体的には一揆を防ぐための対策を考え出すことはできていない。それにくらべるとき、宣長は、広い立場にたっている。これは京で学問人としての基礎をつちかい、

松阪における門人と一緒に研究活動をしていたことによっている。

ただそうした理由によってのみ宣長の立場が説明されるとすれば、江戸や京の文化人や学問人は、より具体的な対応や広い行動がとれたはずだということになる。ところが決してそうはならない。それなら、そこに思想の社会的機能の発揮その他のことを一つ入れて考えざるをえないのではあるまいか。そこで同じ国学者でも内山真龍の場合は、宣長と多少学問的傾向や活動が異なっていることにも注目を払う必要がある。内山真龍は賀茂真淵のあとをうけて遠州の国学者の中心人物となった。

彼は農耕と勉学を両立させる晴耕雨読（せいこううどく）の人で、その歌も田ぶせや山家をうたい、古歌を尊んでいる。したがって宣長同様、凶作、世上騒然たることに関心をよせ、米価の変動はもちろんのこと、田沼政権についても関心をもち、天明四年三

内山真龍の自画像　（浜松市立内山真龍資料館蔵）

月二七日の日記には、佐野源左衛門常世の子孫佐野善左衛門のために若年寄田沼山城守が殿中において殺されたとある（『真龍記』）。同一一月一八日の条には、近くの川西村百姓打ち潰しその他が、ことこまかにかかれてもいる。これも内山真龍が庄屋・地主層としての対応であったと考える。

内山は家におしこんだ一揆勢に対しては、これと断乎として闘い、三人を搦め捕り、翌日島田代官所へ注進している。また彼は『出雲風土記』研究より、『遠江国風土記伝』研究へとすすみ、寛政元年以来一〇年の月日をかけて完成させるための努力をつみ上げた。

その著述の動機は、（一）遠江国各郡郷村所伝の古伝記録保有のためであり、（二）藤原重道のはじめた『遠州誌』の志の継承をすることにあった。彼もまた、宣長とは多少異なって、上古伝説については未完のまま諸説を引用し「未だ考へず」という態度をとりつづけた。その目的は撰述中の寛政四年（一七九二）三月に、勘定奉行の川合喜左衛門にみせていること、しかもその人よりはげましの言葉をうけたこと、さらに完成後の寛政一一年（一七九九）二月一八日には、同じく勘定奉行中川飛驒守に見付宿であい、褒美をうけていることなどからも、私撰地誌ではあったとはいえ、幕府の幕藩制支配のための民政参考資料の域をぬけ出せぬものであった。

❖『璣舜問答』と風儀改良

その点、天明の世直し状況に対応した本居宣長は『秘本玉くしげ』において、限定付きにもせよ「下からのまごころ」を一応みとめた上で云々といった。それ故に、寛政四年には、尾張藩の細井平洲門の人見璣邑の風儀改良運動への批判をあらわにしている。また古学は「上に御用ひあらん事」を願わなくとも「下々さへ弘まり候へは、いつとなく自然と上へも行渡り、御用ひこれあるべき時節もある」とまでのべて、上からの教化講習運動をきびしく批判している。これは、ある意味で門人加藤磯足などが行なっている教化講習運動を下からかえていく運動に支援を与えるためのものであったとも考える。この時期に伊勢より尾張に進出した本居宣長にとって、ここでの門人獲得のための闘いは、宣長学の社会的機能をためす試金石でもあったのである。そのかぎりで一定程度の改良的性格をもっていた。

❖蘭学者と世直し

それにくらべると蘭学者新宮涼庭は、「近来の百姓。上をあなどり米価高直に託し、市井の無頼悪党、又は村々の不善破産の輩ら、己が田畑などを銀方にとられし者ども、欝憤を霽さんがために愚民を誘ひ富豪を打潰すの弊あり。役人きびしく吟味を遂げ其原を塞ぐべし」(『破れ家のつづくり話書』）とあるように、一揆の昂揚に対し権力側についてその根源を塞ぐべし、とさえのべている。

同じ蘭学者でも杉田玄白は、天明の一揆、打ちこわしの模様を克明に記すとともに、江戸の打ちこわしにとくに関心をもち、田沼政治にするどい批判を展開している。とくに『後見草』の中で、もしこのたびの騒動がなかったならば、御政事は改まらなかっただろうとのべ、江戸の打ちこわしを評価している。こうした事実をみるにつけて、われわれはたんに思想的機能を、短絡的に一般化することが、いかに浅薄なあやまりをおかすかを、ここらあたりで気をつけなければならない。さらに、ある時代の一つの批判がそうあらわれているからといって、その人の思想の本質を、そこに見いだすべきかどうかは、また次元の異なることでもある。

そうした意味でも大切なことは天明の世直し状況を経過して、何を自分のものとしてうけとめたかが、何より問われねばならない。

❖六一歳の自画像

その過程の中で宣長の『玉くしげ』は、寛政元年（一七八九）に門人の手でいち早く出版されている。これによって宣長は『直毘霊』『馭戎概言』『くず花』『玉くしげ』『玉鉾百首』と刊行して、その学問・思想形成をしているといえる。こうした時に、宣長は寛政二年（一七九

〇）八月に、六一歳の還暦を迎えたのである。その時彼は、自画像に「筆のついでに」とことわりがきをした上で

しき嶋のやまとこゝろを人とはゝ朝日にゝほふ山さくら花

とかきしるした。

宣長は、漢意（からごころ）批判を確立させ、「妙理」を尊重し、古伝説絶対信仰の立場をつくりあげて、積極的に大和心を打ち出したのである。

本居宣長翁「自画六一歳肖像」
（本居宣長記念館蔵）

宣長のこの歌に対し、尾張の人丹波嶠（たんばしゅん）はその著『太古論学』において、この歌は、「しき嶋のやまとこゝろを人とはゞ」というのに対し、ただ「朝日にゝほふ山さくら花」とこたえたに過ぎず、漢学者相手の禅問答のごときものでしかないとのべている。

それにもかかわらず、この歌は本居宣長の門人、平田篤胤の門人らによってうけつがれ、その歌の解釈についてまで種々論ぜられている。加えてこの自画自賛像が、門下生中より写し求めるものが多かったので、宣長はいちいち像を画師にかかせて自賛したようである。その多くは、尾張名古屋の門人植松有信（ありのぶ）の紹介によって、もっぱら吉川義信、通称小右衛門が画いたらしい。この点も平田門人にまで知られている事実である。

それはともかく、宣長は大和心を平安時代の古語のように公共の福祉につくす心のごとき意に用いることなく、ただうるわしいことであるとの意に用いたといわれるのは、宣長が「うるわしい」ものを「うるわしい」ものとし、それを理由づけなかったこと、それこそ「妙理」によってきめられているものとする考えが裏にあったことによる。それをぱっと咲いてぱっと散るようないさぎよいことなどと門人野矢常方が解釈するとき、「からごころ」をきよくはなれることができない、「尋常の理」すなわち、よのつねのことわりにこだわっている人間の弱さの表現とみなさざるをえないことになる。

❖『秘本玉くしげ』と生田万

それはともかく本居宣長の『秘本玉くしげ』は、嘉永四年に佐久良東雄によって出版上木されたが、それに先だって生田万（一八〇一〜三七）は彼の著書で、上野国（群馬県）の館林藩政改革の意見書である『岩にむす苔』（文政一一）の中で、「今の世の人々の身分の持様は、上中下共に押しなべて、分際よりは、殊の外重々しきに過ぎ候。まづ上をいはゞ、今の大名方の御身分の重々しさは、上古の天子、中古の大将軍などよりも勝りて重々しく候」を引用し、さらに「昔は惣躰無造作にして、今の世の如く、重々しくあらざる故に、物入は半分にて御座なく候て、却て手行も宜しく御座候なり」をも引いている。

これによって、治者の節約要求の典拠にし、仁政を施すべき理由にしている。

生田はその他にも「今の世の百姓は、心身を労することも、古より甚しく、年貢に大きに苦しむ物ぞといふことを、朝夕忘れ給はず、不便に思召て、有り来りたる年貢の上を、いさゝかも増さぬやうに、少しにても百姓の辛苦の休まるべきやうにと、心懸給ふべきこと、御大名の肝要なるべく、下々の役人たちまでも、此心懸を第一として、忠義を思はゞ随分百姓を労はるべき旨を、常々仰付らるべき御事にこそ」をも引き、そのあとで「百姓の衰微致し候根本は全く此年貢の厳しき故に御座候。そも〳〵百姓はもとより我が朝廷の百姓に候を……」といって大政委任論にふれている。そして百姓困窮の原因さえも、『秘本玉くしげ』によって「今の世の年貢は、戦国の時のままにて、甚厳しきことなれば、次第〳〵に困窮致し候故、未進（みしん）つもりつもりて、道に家絶て、田地荒れ候へば、其田地の年貢を村中へ負する故、余の百姓もまた堪（たえ）がたきやうになり候て、農業を捨て、城下〳〵へ出、また百姓の子多ければ、一人は百姓を立させ候へど、多くは町人の方へ奉公に出しなどする故に……」とのべ、こうした現実解決のための武士土着論を含む館林藩政改革意見書を藩侯に上書している。これはあきらかに、天明の世直し状況のピーク時の本居宣長の意見の継承を示している。それ故にそのことが原因の一つとなって藩から追放されることとなっている。このことは、『秘本玉くしげ』に、天明の世直し状況に対応した意見が含まれていたことによっている。

もちろん『秘本玉くしげ』にしても『玉くしげ』にしても、前述したように決してラヂカルな保守主義の域をぬけ出ていないにもかかわらず、相対的にみると、社会的機能としてはかなり改革的な意見として機能している。

宣長は、その基本を神道の本義に求め、天津神の御心を心として、皇室を中心として平和な社会をつくりたいと考え、政治に祭りが大切であるといい、「政は、凡て君の国を治坐す万ノ事の中に、神祇（かみ）を祭り賜ふが最重事なる故に、其余の事等をも括（すべ）て祭事と云とは、誰も思ふことにて、誠に然ことなれども、猶熟思に、言の本は其由には非で、奉仕事なるべし」（『古事記伝』）とのべて、政は奉仕事であるといっている。これはあきらかに政治は上から下へ、しきほどこすものであって、下たるものはただひたすらに忠誠をつくし、服従しさえすればよいのであって、そのかぎりにおいて、被治者にとっては非政治的受動的な行為のみしか政治的な行動としては全くない。そうした意味であきらかに、政は奉仕事でしかなかったのである。

かかる見解にたちながらも、たのまれれば『秘本玉くしげ』などを書くということの中に、彼自身がノンポリであったのではなく、そのことの意味自体をよくわかっていたことを示しているのではなかろうか。

また宣長は「浄土の信仰」を否定し、地獄極楽の説とか因果応報などをみとめていない。これらをことごとく、作為したつくりごととしている。したがって古伝説以外のものを「事実」としてみとめていない。それにもかかわらず、宣長はこれを完全に否定し、払拭することができたかは疑問なしとしない。

そのことから、村岡典嗣のように、浄土信仰の変型として古伝説絶対信仰という解釈も成立するのである。

本居宣長の国体観

❖血統が基本

本居宣長は、天地間にただひとすじの「まことの道」「まことの理」がつらぬいているという信念をもっていた。そして日本の国のみがそれを正しく体現していると考えている。

それが「神ながら」の国であり、天壌無窮の神勅にでてくるような国体の国と考えられている。その宣長ですら『神代正語(かみよのまさごと)』において、この神勅の文章は潤色されたものとしている。

本居宣長は中国の易姓革命をみとめず、儒教の道の中に権力簒奪(さんだつ)をゆるす、危険なものがあるとした。これを批判した故に、君臣関係はよくもあれあしくもあれ厳然と存在するもので、臣が君をはかることはできないもので、そこにこそわが国のすぐれたところがあるといい、権力の正統性の根拠を「血統」に求め、人間の価値判断では全く手のとどかぬところに定めている。

それはすでに『くず花』において、「そもそも君あしき時は臣として其位を下し奉るしわざは、うはべはよき事のやうに聞ゆれ共、実は甚悪き事なり。その故は真実の忠臣にして然せば世のためにはしばらくよき道理もあるべりれど、世々に忠臣のみは有りがたくして不忠臣も多かる物なれば、件のごとくにてはおのづから君の威は軽くなりて、臣の威つよくなり。又ややもすれば忠臣の贋物ありて始めのほどは忠義がほに君を補佐しつつ、つひにその位を奪ふ者出来るなり」などとのべて、世の中には君臣観念のうすいものの多いことを示し、したがって君臣関係を確立するためにその関係を貶るまじきものとする観念の強調が行なわれた。

これは決して中国にのみ見られるものでなく、日本の歴史の中にも、ままみられるとしている。武烈天皇の悪行をとどめえなかった大伴金村などもその一例であるとしている。

❖天壌無窮の神勅

日本の国は「掛まくも可畏き神御祖天照大御神の御生坐る大御国にして、大御神大御宇に天つ国を捧持して、万千秋の長秋に吾御子しろしめさむ国なりと、ことよさし賜へりしままに」（『直毘霊』）にあるように、依って立つところは天壌無窮の神勅にもとづく国とされていたのである。したがって天皇は日本国の中心であるとされ、その天皇に逆うものは大逆無道の叛臣とされたのである。

宣長は北条・足利を憎み、北条・足利の歴史的行動を批判している。とくに北条義時・泰時・足利尊氏などは天照大御神の「大御蔭をもおもひはからざる穢悪き賤奴」だ、といっている。こうした宣長の考えに一貫して流れているものは、天壌無窮の神勅そのものである。それがたとえ悪は善に一時は勝つとしてもついには勝つことはできないといい、勝つあたわざる理由が、たとえ神代の道徳に求められたとしても、その典拠は前述したとおりということになる。

また北条・足利にかわって天下の統一者となった織田・豊臣、それにかわって「古もたぐひまれなるめでたき御代」をつくった家康でさえも、徳川の幕政を「まことの道」にするためには、天照大御神の御心にもかなったことをせねばならない。したがって今の世は所詮(しょせん)天壌無窮の神勅による大政委任(みよさし)のまにまにとり行なわれているのにすぎないということになる。

そこで庶民は、将軍の御掟は天照大御神の掟だから大切にしなければならないと考え、これをよく守る必要があるという論理を展開している(『玉くしげ』)。その典拠はいうまでもなく、『日本書紀』『万葉集』に求められている。

それはともかくとして宣長の場合政治的支配の正統性のよりどころは、天照大御神であった。またその方便に『記紀』二典が用いられてさえいる。

宣長は、産霊神と天照大御神との関係を先に生まれたものを必ずしも尊しとせず、天照大御神の方が優位であることをのべた上で、この大御神は至尊至貴として讃仰の対象となるべきだとしている。そして「抑天地は一枚にして、隔なければ、高天原は万国一同に戴くところの高天原にして、天照大御神は、その天をしろしめす御神にてましませば、宇宙のあひだにならぶものはなく、とこしなへに天地の限をあまねく照しましまして、四海万国、此御徳光を蒙らずといふことなく、何れの国とても、此ノ大御神の御蔭にもれては、一日、片時も立ことあたはず、世ノ中に至て尊くありがたきは此ノ大御神なり」（『玉くしげ』）ともいわれ、これはやがて皇大御国を天照大御神の御生坐る国として、万国に勝れたる国として推賞することとなったのである。その論拠も天照大御神にある。その点はいささかくどいが、「若又万国共に皇国の古典に伝へたる所の神たちの開かせたまふ国ながら、其中に日本は殊に天照大御神の御本国、其皇統の御国なれば殊に神の開かせたまふ国也と云意ならば……」（『鈴屋答問録』）をみても、日本に関する限り、天照大御神に求められるのである。

　天皇も天照大御神より随神道を継承し、大政を委任されていることが、いいかえると「天津日嗣」の高御座についているが故に天皇は尊貴であるとされたのである。それ故に日の御子ともいっている。こうした考えはすでに『直毘霊』において確立していた。これは要するに天照大御神から皇孫——天皇へ直結している。これはすべて幽契によるものである。善悪二神がいたものが、なに故このように直結するかについては、判断の対象でなく、不可知不可測な「神のはからひ」によってこれが成立したとしか説明できない。そうしたことができるのが「人の中の神」でもある「天皇」であって、「天皇」である以上そうした力を発揮することができるといっている。かかる「然るべき理」は『くず花』のあたりから徐々に形成されつつあったのである。その点で国体論の形成に、やはり「妙理」が大きなかかわりをもっていたのである。

❖「修理固成」

さらにどうしてもふれておかねばならないのは皇祖天神による「修理固成」についてである。『古事記』天地初発の段のあとをうけて、天つ神の諸々の命をもって、伊邪那岐、伊邪那美の二神に「星のただよへる国を修理固成せ」と詔して、天の沼矛（ぬぼこ）を下し言依（ことよさ）したという条に出典を求めることができる。本居宣長はこれを「ツクリカタメナセ」（『古事記伝』）とよんでいる。

それはともかく宣長さえ、ある人が「二柱の大神、人の児を産む如くに、国土を生みたまふといふこと甚疑はし。此は其国々の神を生みたまふをいふか、又実は国々を巡りて経営（おさめつくり）たまふを、如此言ひなせるにもあるべし。其故は、初め天神の大命にも、修（つく）二理（り）固（かため）三成（なせ）是（この）多（た）陀（だ）用（よ）弊（へ）流（る）之（の）国（くに）一とこそ事依（ことよさ）したまひつれ、国土を産成せとは違はず、いかゞ」（同上）ともいっている。

そして国生みと「修理固成」との関係については、その意義を説明するとともに、わが国だけが、神の生み出でました国であるともいい、国生みが「修理固成」の意でないことについては

「此を疑ふは例のなまさかしらなる漢意にして、神の御所為の奇く霊くして測りがたきをしらざるものなれば、論ふまでもあらず」ともいって、これは不可知不可測の神のしわざに属することであるとした。

他の国の場合は、神の生み出したものでないので、潮沫の、水の沫のこりかたまってできた土地で、泡沫の国にすぎないといっている。このように考えるとき、日本は神明の国とされるのはきわめて当然なことである。

❖天照大御神の本つ国

されば国学者本居宣長は、日本は神明の開かせ給ふ御国であるとか、日本は殊に天照大御神の御本国、その皇統の御国とかいうことになる。それが『玉鉾百首』などでは、

日の神の本つ御国と御国はし百八十国の秀国おや国

などという和歌になってあらわれるのである。かかる神国意識は、契沖が「ことに本朝は神国にて、人の代となりても国史に記する所神異かそへかたし。たゞ仰てこれを信ずへし」（初稿本『万葉代匠記』）とのべている。また彼は、「本朝は神道の本とす」（『勢語臆断』）といっている。したがって、本居宣長よりはじまったものではない。しかし宣長は、「本朝は、天照大御神の御本国、その皇統のしろしめす御国にして、万国の元本大宗たる御国」（『玉くしげ』）と

確信している。その根本にあるのはやはり万世一系の皇統であり、天壌無窮の神勅による動かぬ国体そのものであった。それにもかかわらず、宣長の国体観は、当代の政事そのものと関連するとき、幕府是認の域をぬけ出すことはできない。

さて今の御代と申すは、まづ天照大神の御はからひ、朝廷の御任によりて、東照神御祖命より御代つぎ〳〵、大将軍家の、天下の御政をば、敷き行はせ給ふ御代にして、その御政を、又一国一郡と分けて、御大名たち各これを預かり行ひたまふ御国なれば、其御領内〳〵の民も、全く私の民にはあらず、国も私の国にはあらず、天下の民は、みな当時これを、東照神御祖命御代々の、大将軍家へ、天照大御神の預けさせ給へる御民なり。国も又、天照大御神の預けさせたまへる御国なり(『玉くしげ』)。

とあるように、政事は将軍家に委任されており、そのため「大将軍家の御掟は、すなはちこれ、天照大御神の御定の掟」となっている。これは「神御祖命の御盛徳の餘烈、天照大御神の御はからひと、かへすがへすたふとく有がたき御事なり」(『秘本玉くしげ』)とあるようにもなっている。

さらにこれを発展させると、「凡て天下の大名たちの、朝廷を深く畏れ厚く崇敬し奉り玉ふべきすぢは、公儀の御定めの通りを守り玉ふ御事勿論なり、然るに朝廷は、今は天下の御政をきこしめすことなく、おのづから世間に遠くましますが故に、誰も心には尊き御事は存じながらも、事にふれて自然と敬畏のすぢなほざりなる事もなきにあらず」(同上)というものになってくる。これも、朝廷が現実に政治をつかさどっていないことによる。こうした現実をみとめた本居宣長は、朝廷はありがたいものであることを前提にしながらも、「一国一郡をも治め玉はん御方々は、殊更(ことさら)に此子細を御心にしめて忘れ玉ふまじき御事なり。これすなはち、大将軍家への第一の御忠勤なり。いかにと申すに、まづ、大将軍と申奉るは、天下に朝廷をかろしめ奉る者を征伐せさせ玉ふ御職にましまして、是ぞ東照神御祖命の御成業の大義なればなり」(同上)とのべている。これは将軍への絶対的忠誠とそれへの奉仕のあらわれである。

したがって天照大御神の大御心を心とするものは、東照神のおもむけに背くことはできないはずであり、たがうことなく、よく守って努力すべきである。このようにみてくると、宣長の国体観は、つねに正統性を天照大御神の大御心に求めているが、現実的には朝廷の委任した大将軍家の輔弼(ほひつ)をそのままにみとめており、幕藩体制国家の政治機構をそのままに段階的にみとめたものでしかなかったのである。とくに「朝廷を深く畏れ厚く崇敬」しているとか「畏れ奉るべき」ものといっているが、それとともに東照神君のいさおを強調していることを考えると、皇国は朝廷を中心としてつづいてきたものであるという国体観念だけは「道の大本」としてすえられていたということができるのである。

もちろんここで使用している国体というのは、宣長がそのような観念をもっていたというのにすぎないのであって、国体というようなことばをつかい、それが近代の国体論につながるような形でつかわれているものでなく、むしろ「国の風俗」ぐらいのものといってよい内容でしかなかったのである。

❖中外観と国体

また日本の国についても大国と考えていた形跡はなくむしろ小国と考えていた。したがってそうした認識のもとで考えられるところの中外観が、どういうものであるかも自ら明らかなものがあるといえる。たとえ夜郎自大的なものがあっても、たとえば

百八十と国はあれども日の本のこれの倭にます国はあらず

百くにの国のまほらは大やまとわが大君のきこしをす国

（以上二首『玉鉾百首』）

とうたい上げてみても、所詮精神的なもの以上の機能を果たすことはできはしない。

宣長は家康以来の鎖国政策に対して、これを積極的に支持し、古道論にたって異教異学に対して徹底的にこれを排斥し、鎖国政策を文字どおり遵奉している。これは「古道」をもって、天地の間にゆきわたった、世にすぐれたる道と考えたことによっている。そしてこの道は世界に普遍的なものであるとも考え、日本の国は万の宗とする国でもあるともいっていたので、その立場の維持のために排他観をともなわざるをえなかったのである。

宣長のこうした考えをもっとも典型的に示すものは、安永六年（一七七七）一二月にかかれた『馭戎概言』四巻である。この書は在京時代に世話になった武川幸順を通じて摂政九条尚実を経て、光格天皇の叡覧をえている。

この書は一言でいえば古代から徳川初期に至る対外交渉史である。

「馭戎」とはいわゆる漢戎・唐戎を馭めならすの意である。これは単に反駁するのではなく言向和平するとの意を含んでいる。そこに紹介されている事実は、宣長の立場からされたもので、「日出処天皇致〔二〕書日没処天子〔一〕」という記述は気に入らぬとし、宣長はこれさえ「天皇勅〔二〕隋国王〔一〕」とすべきだといっている。

これなど宣長の歴史評論ともいえる。一般的にいって、儒仏にかかわる部分はきびしく、天武・持統朝の評価もそうしたことと関連してきびしい。そのくせ平城・嵯峨・淳和朝に遣唐使が止まったことは、またものでたいこととも言っている。したがって菅原道真によるところの遣唐使中止などはかえすがえすもめでたいこととされたのである。

❖日中関係を中心

そのくせ日中関係を中心とする外交史への関心はきわめてつよく、円融天皇の天元五年（九八二）に奝然が宋に行って太宗にあったことなどもかかれている。こうした史実への関心は今日高く評価しなければならないが、これも「奉二天皇聖旨一、諭二宋国王一」とかくべきところを親愛の情をこめてかかれているのが気に入らないと強調してかいている。

しかるに元寇（げんこう）については双方に勝敗があって神風によって日本が勝利したことのみを強調していない。ただ神風が吹いた事実はみとめているが、これを風のせいにすることには反対している。そして御国のあり場が海洋にめぐまれているから、他国が侵略しがたいとの考え方も決してとっていない。したがってこれを神国の理由にするような偏狭な見解にたってはいない。また足利義満（よしみつ）の例の明への国書や懐良（かねよし）親王の書などにも、明を尊重して陛下とか天朝とかいい、こちらがわを臣とか国倭とかいっているとのべている。

その意味で宣長が快としたのは、足利義持（よしもち）の書で「征夷大将軍某」としながらも、これを評価している。こうしたとりあげ方をみるにつけて、宣長は、一定の立場にたってものごとを考えていることが明らかである。いいかえると彼は、天地の間にかぎりなく尊いのは皇国であり、その天皇であるから、その力は万の国々にしき施さねばならないといっている。これはいうまでもなく宣長が天壌無窮の神勅を基礎におき、わが国をかの国に心おとりたるものと考える儒者などと異なり、漢意をとりはらった国学者であるという自覚にたっていたためである。

かかる立場は、すでに安永六年（一七七七）に成立していることは、宣長の政治的な考え方の基礎が、決して天明の「世直し状況」のもとで、にわかにつくられたものでないことの何よりの証拠である、といえるのではなかろうか。

その意味で天明期を含めて、宝暦――天明（一七五一～八九）を一括して大きくとらえるなかで、本居宣長の思想形成をあらためて考えてよいのではなかろうか。そのときの指標は何といっても、宣長が政治についてふれるようになったのは、天明になってからであって、それより前は、あくまでも非政治の政治の枠内にとどまって、古学に専念していたということである。

したがって

天の下国は多けど神ろぎのうみなしませる大八島国
日の神のもとつ御国と御国はし百八十国の秀国おや国
百くにの国のまほらは大やまとわが大君のきこしをす国
百八十と国はあれども日の本のこれの倭にます国はあらず
（以上『玉鉾百首』）

という理念的な歌もよんでいる。

寛政期の宣長

❖公儀尊重

本居宣長は、寛政二年に甲斐（山梨県）の国学者萩原元克に、酒折宮の碑文をたのまれたとき、いっしょに並べたものが山県大弐（一七二五〜六七）のものであることを気にして「よもや彼大弐が文ならば、其分にハ建テ、有レ之間敷、定而別人ナルベシトハ存じ候へ共、万一大弐ニ而御座候はゞ、其の碑と並べ建テ候事、何とやらん心よからず存候へば、愚作碑文之義は御断申度候」（寛政二年九月朔日付、宣長書翰）とかいて、公儀をはばかってこれを拒絶している。これなど宝暦・明和事件に関係することをおそれていることをしめしている。このことは、『古事記伝』を天覧に供したいとの願望とも関係しているのかもしれない。

これは、『玉くしげ』『秘本玉くしげ』などについても、尾張藩でもうけいれられ、賞美されていることをよろこび、皇朝学が大いにおこっていることをよろこんでおり、自らの書物が刊行されつつあったときであったから、政治的行動ととられることを気にしていたのである。

❖津の均田制反対一揆

それ故に寛政期になっても、寛政五年（一七九三）の伊予（愛媛県）吉田藩の武左衛門指導の一揆、寛政七年の陸中（岩手県）南部藩の一揆などに関心をよせている。そのためか、寛政八・九年の津の均田制反対一揆に対して、詳細な調査をしながら、一揆を「けしからさる大騒動」と考えて一揆への批判的姿勢をつよめている。とくに一揆昂揚のため先行に不安を感じてさえいる。また「出羽国山形百姓一キノ義ハ、此方ニ而もいろ〳〵噂御坐候へ共、御紙面ノ如キ事ハ不レ申候。一説ニハ山形ニハあらず、山形近所ノ公儀ノ御代官所ノ陣屋ヲつぶし、山形ら加勢共申出候。慥成義不レ承候。もし紙面之通、実説ナレバいまだ不二聞及一、大変ニ御坐候」（享和元年九月朔日、植松有信宛本居宣長書翰）と周章狼狽している。

これなどをみると、『秘本玉くしげ』の立場イコール宣長の立場と固定することは許されない。

山県大弐　（甲斐市教育委員会 写真提供）

❖『古事記伝』に専念

本居宣長は、寛政四年（一七九二）に加賀（石川県）の前田治修（はるなが）侯より藩校明倫堂（めいりんどう）の国学学頭として三〇〇石で招かれたが、『古事記伝』完成に努力していたときであったこと、もしいったとしても寛政の教化政策の一環にくみこまれて、政治に従属して社会的機能が果たせないこと、金沢へいってしまっては、『古事記伝』の完成が、せっかくおぜん立てしたさまざまな協力体制、出版上木のための組織がくずれてしまうので断わった。

それと前後して寛政三年（一七九一）には先に本居宣長より『玉くしげ』や『秘本玉くしげ』を献上された紀州侯は、学問奨励のために藩校を拡張して名を学習館と改称して、寛政改革の松平定信の支持勢力でもあったこととあいまって、人づくりのための教化政策にのり出した。

宣長のようなすぐれた学者が加賀藩のような他藩に流出しては、たいへんな大損失と考えて、その招聘（しょうへい）にふみ切った。この時も宣長は『古事記伝』を完成したいという強い気持のために、今ただちに学問で藩に仕えることを拒み、表向きは医師として五人扶持で藩に仕えることに決めた。しかもその最大条件は、松阪居住ということであった。宣長の片意地までもかたくなな『古事記伝』を完成したいという意志は、何に起因していたのであろうか。

学問を出世の道具として使おうと思えば思うまま使えたのにちがいない。『古事記伝』を完成させなくとも、その学問は、世の高い評価もうけている。自分がやらなくとも春庭(はるにわ)や大平(おおひら)、その他の門人がいる。それにもかかわらず、二言めには『古事記伝』を完成するためという執念、学業第一に生きたいという心は、何に根ざしていたのであろうか。

師賀茂真淵に『古事記伝』をかくために問いただしたことに対する約束を果たすためのものであろうか。それとも若き日、何度も母を困らせ、自分で好むところをなそうとした、そのことに対する人間的負い目であろうか。

そうしたことは、宣長が、家譜を回想した『家のむかし物語』の中で、ふれたところもあるが、同書をかくまでの段階においてはあまり語られていない。

❖『玉かつま』と『うひ山ぶみ』

本居宣長は、『古事記伝』が完成に近づくと、しだいに自分の胸の中を自ら語るようになってくる。それがそのまま事実かどうかわからないけれども、ただいえることはすくなくとも宣長の中に結晶しつつあった自分の生涯であったり、彼が考えてつくりあげた学問の到達点であることだけはたしかである。宣長はどちらかというと、自分のみじめなところを人にあけすけにのべるような人ではない。大切な秘密は、『玉かつま』『うひ山ぶみ』の中でも、さわりの部分すらふれられていない。「まごころ」を求め、「まごころ」に学問の根底を求めつづけた人にしては、究極のところにおいて、自分をさらけ出すことの少なかった人であった。それはおそらく「さかしら」「私」として、否定していたことにもよっている。しかしそのくせ「さかしら」と「私」とかかわらない「まごころ」は、自己を否定することには少しもならないことくらいは、もちろん、知っていたのである。それ故に、宣長は、『玉かつま』や『うひ山ぶみ』では学問に関するかぎり、方法や理念にかかわる部分では、ことさらに、さまざまなものをみとめている。たとえ自分はそうした方法をとらないものまでも、これをあえてみとめている。これもあとにつづくものが、自分よりすぐれた人になって成長してもらいたいとの考えによるとともに、宣長はかしこぶることがいかにもてれくさかったし、わざとらしく、虚偽でたえられなかったからである。

長い地味な校合(きょうごう)の中で、ささいなことでもゆるがせにしないという宣長にとって、「まごころ」などは決して理念として存在したのでない、マメな学問人としての生活そのものの中に内在すると考えていたのである。

宣長は『古事記伝』で、表記のかたちや口誦態を探求しつづけたのである。ただひと通りよめればなどというところに満足せず、古語から古事をあきらかにする方法によって、漢意を排した古訓を求めたのである。

それ故に『玉かつま』で宣長は「学問して道をしらむとならば、まづ漢意をきよくのぞきさるべし、から意を清くのぞきさらぬほどは、いかに古書をよみても考へても古への意はしりがたく、古への意をしらでは道はしりがたきわざになむ有ける。そも〳〵道はもと学問をして知ることにはあらず、生れながらの真心なるぞ道にはありける。真心とはよくもあしくもうまれつきたるままの心をいふ」といっている。宣長は学問をして知るものにあらずといっているが、本当に学問をするものならば身につくものであることを否定しているのである。この場合何を学問としているかといえば、それは決して一般的な学問をのべているのではない。国学研究者でもものをまとめるとき、学問論としてまとめるためにそのようなあやまった理解をさせてしまう。

❖山跡魂をかたむる一端

近世国学の本質を文献学にみるかどうかということは、本居宣長学の本質を文献学とするかどうかと関連させられている。

そのことは、本居宣長の『古事記』研究が古への客観的研究から、主観的古道主義への発展ととらえられる限り、文献学とのかかわりで論じられることとなる。しかしそのことは文献学の枠内にとどめて考えられるかどうかおおいに問題となる。それは文献学はあくまでも客観的、帰納的、説明的な科学であるけれども、主観的古代主義は、規範的、演繹的であっても、決して科学としての属性には乏しい。このようにみてくると、本居学の本質を文献学にみることはむずかしい。これは前述したように、主情主義的なものも無視できないことからも、文献学という規定にたつことはできない。

宣長は晩年になって「まづ、神代紀をむねとたてゝ、道をもはらと学ぶ有……」（『うひ山ぶみ』）とのべ、「そも〳〵道はもと学問をしてしることにあらず、生れながらの真心なるぞ道にはありける、真心とはよくもあしくもうまれつきたるまゝの心をいふ、しかるに後の世の人はおしなべてかの漢意にのみうつりて、真心をばうしなひはてたれば、今は学問せざれば道をしらざるにこそあれ」（『玉かつま』）ともいっている。そしてその古道をしるためには、妙理を尊重して、古道をしるために神典の伝えのままにしたがうべきものとしている。そしてはじめ「世ノ中のよろづの道理」も「人の道」「物の道理」のすべてについては神代の古伝説によってしられるという。

こうした把握は、本居宣長が、学問そのものを道をしるためのものとしていることを示している。

学問して道をしらむとならば、まづ漢意をきよくのぞきさるべし。から意の清くのぞこらぬほどは、いかに古書をよみても考へても古への意はしりがたく、古へのこゝろをしらでは道はしりがたきわざになむ有ける（『玉かつま』）。

といい、世にいう学問とは「世ノ中に学問といふはからぶみまなびの事にて、皇国の古へをまなぶをば分て神学倭学国学などいふなるは例のから国をむねとして、御国をかたはらになせるいひざまにて、いと〳〵あるまじきことなれども」といい、『うひ山ぶみ』の中では学問の上で一番大切なことは内外の名分を正し、いいかえると「山跡魂をかたむる一端」になってこそ真の学問ということができるとしている。その時、宣長は自らの学問を、「古学」あるいは「皇朝学」「皇朝の学び」「皇朝の学問」という。

したがって学問してしらねばならぬことは漢意をきよくとりさって、やまと魂をかたむることであった。そのためには、古書をよみ考えるだけでなく「古へのこゝろをしらでは道はしりがたきわざ」であるともいい、古書によりてその本を考え「古へのこゝろ」を明らめしることが何よりも大切であるとした。

❖求めるものは一つ

ただ彼は学問の方法は一つであるとは考えていない。

世の物まなびのすぢしなぐ〜ありて一トやうならず、そのしなぐ〜をいはゞ、まづ神代紀をむねとたてゝ道をもはら学ぶあり、これを神学といひ、其人を神道者といふ、又官職儀式律令などをむねとして学ぶあり、又もろ〳〵の故実装束調度などの事をむねと学ぶあり、これらを有職の学といふ。又上は六国史其外の古書をはじめ後世の書どもまで、いづれのすぢによるともなくてまなぶもあり、此すぢの中にもなほ分ていはゞしなぐ〳〵あるべし、又歌の学びあり、それにも歌をのみよむをと、ふるき歌集物語書などをときめきあきらむるとの二タやうあり（『うひ山ぶみ』）。

といい、これらの中から何かをえらび追求すべきであるともいっている。ただその場合もゆくさきよこさまなる方向へおちいらざるよう、つねに学のしなを正していかねばならぬといいながらも、結局は「みづからおもひよれる方にまかす」（同上）べきであるとした。

それでも古学である限り諸学を統一した上で成り立つのであるから、志は高く大きくたててまなぶべきであり、その奥を究めつくすべく努力しなければならないともいい、「志」の大切さを強調している。

中でも主とよるべきものは道の学問そのものであるといい、そのために初学するものには「宣長のあらはしたる神代正語を数十遍よみてその古語のやうを口なれしり、また直日のみたま、玉鉾百首、玉くしげ、くず花などやうの物」、いいかえると古道書を学習させねばならぬといっている。以上のような手引きをみるにつけても、宣長学は基本的には、古道学を本質としていることが明らかになった。

❖体験的認識論

宣長は、学問をつづけ「段々学問にいりたちて、事の大すぢも大抵合点のゆけるほどになりなば、いづれにもあれ古書の註釈をつくらんとはやくこゝろがくべし、物の註釈をするはすべておほいに学問のためになることなり」といって註釈をすすめていることにも注意せねばならない。これはただ何もせずによんでいると、「心とまりて」よむようなことはなく、注意力さんまんなために、とまりがわるくなり、くわしく知ろうとしないためである。こうした注意一つの中にも、自ら真摯(しんし)に努力した成果が、その著書のはしばしにひらめいている。その意味で、宣長の学問論は体験的認識論ともいうべきものである。

また世の中には、「ひとむきにかたよらず」といって、他の説のあしきことさえとがめず何でもうけいれたような顔をするものがいるが、こうした人は、おのがなによりも人に劣っていることをすてたり、まげて、世の人の前でよい顔をするもので、その上に人のせまさを攻撃するが、その人自体が自分の劣れるをかくしているところに、まこと少なく、心ぎたないものが、あらわに出ている。たとえ世の中において「ひとむきにかたよれる」ものといわれて、そしりの対象となろうとも、よきものは、すぢをまげてまでしたがうべきことではない。人のほめそしりなどたいして問題にならぬことである。

宣長は学問人としてあるべき態度として「よるところさだまりて、そをふかく信ずる心あらば、かならずひたむきにこそよるべけれ」といっている。これなども、宣長が『古事記伝』の研究を通じて、心からそう思っていたことだから、よしとしてよる所はとことん固執したいとはっきりいえたのではあるまいか。ただよいことでも人のかりものであったならば、このようなきびしい学問論は生まれてこなかったのである。

ただそのようにきびしい内面性をもてといいながらも、宣長はひるがえって、道をとくときの態度としては、きわめて謙虚な態度をとっている。いいかえると受け身のきびしさをといても、アクティヴのおしつけのごとききびしさは、あつかましいものとして否定しているのである。

道をとかむに、儒にまれ老にまれ仏にまれ、まれ〳〵に心ばへのかよへるところあるをとらへて、おのが心のひくかたにまかせて、かよはぬところをもすべてそのすぢにひきよせてときなし、あるはまた他道と同じからんことをいとひさけてことさらにけぢめを見せ、さまをかへて説むとする、これらみないとあぢきなくしたたるわざなり、似ざらむもにたらむも、異ならむも同じからむも、とにかくに異道の意にいさゝかもかはるべきことにあらず。

といって、同化したり、ことさらにしりぞけたりする態度を拒否して、ただ所信に忠であることのみがただしいとし、わざとらしい教化、教導を否定している。

このような宣長の学問的態度は、寛收の教化政策に対応させられたものの中には、これと異なるものがあまりにも多かった。

これも、宣長が、寛政四年（一七九二）に人見璣邑と問答したころからもっていた考え方であった。このようにみてくると、宣長の『玉かつま』の中には、宣長の学問的生涯が自らの手で要括されているといえる。

世の中には多く「要括」といって、全く「要括」にもならないくり言を並べたて、その無意味にあきれかえるようなまとめをし、言葉をつづめてよろこんでいる人がいるが、宣長はそうした態度もとらない。加えてこのようにいったらよくわかるだろう、こうもかいたら人の心をとらえることができる、いやこういってこそ人は信ずることができる、といっては、いささか自分の見解をときまげてまで、人の心にアピールさせようとする人がいるが、これなども、いささか「心ぎたなきわざ」である。すべてのことは、ほめそやしたり、そしりてどうかできるものと思うべきものではない。あくまでも自分はどうかということで考えるべきことで、いささかでも世俗に対しておもねることは学問的態度ではない。

❖自伝的回想

それゆえに宣長は、啓蒙的著作として銘うつようなことはしていない。『うひ山ぶみ』をかいても童蒙(どうもう)のためにかくなどと思い上がった態度が示されていないのも、宣長にそのようなものがなかったことのあらわれではあるまいか。

宣長は、『玉かつま』の中で自分の学問と関連させてか「国のにぎはしきことは、大御神の宮にまうづる旅人たゆることなく……」とのべて、そして「松坂は、ことによき里にて……」とのべ、ここでは「人のかたちは男も女も田舎びたることさらになくよろし」とまでほめた上で、「すべて物きように、よろずの事みやびたるなど」といっているように「みやび」を求める里の風のあることをのべている。これなど、宣長が自らの学問にしなを求め「みやび」を追求した理由を、京に似た松阪の精神的風土に求めていたと考えられる。

それとともに『玉かつま』の中では、幼時を回想して、本をよむことがすきであったことや、いろいろな人にならったことなどをかいている。その多くは他の資料で補うかぎり、回想は簡単でありすぎ、その精神的形成が、ひたすらに学問人への道を歩んだものとされすぎている。その意味において、宣長の『玉かつま』は、あまりしらべてかいておらず、記憶に辿(たど)ってかかれたところが多い。それでも記述が正確で、時間がかかっていることを思うと、メモぐらいは見てかいたものかもしれない。また例の「松阪の一夜」も『玉かつま』に生きいきとその光景が描写されている。

宣長三十あまりなりしほど、県居の人人の教へをうけ給はりそめし頃より、古事記の註釈を物せむのこころざし有て、その事大人にもきこえけるに、さとし給へりしやうは、われもゝとより、神の御典をとかむと思ふ心ざし有るを、そはまづからごゝろを清くはなれて、古へのまことの意をたづねえずば有るべからず、然るにその古へのこころを得むことは、古言を得たるうへならではあたはず。古言を得むことは、万葉をよく明らむるにこそあれ。さる故に、吾はまづもはら万葉をあきらめんとする程に、すでに年老て、残りのよはひ、今いくばくも有らざれば、神の御ふみを解くまでに至る事えざるを、いましは年さかりにて、行さき長ければ、今より怠る事無く、いそしみ学びなば、其心ざしとぐること有べし。たゞし世の中の物まなぶともがらを見るに、皆ひきゝ所を経ずに、まだきに高き所にのぼらんとする程に、ひきゝ所をだにうる事あたはず、まして高き所はうべきやう無ければ、皆ひがごとのみすめり、此むねを忘れず、心にしめて、先づひきゝところよりよくかためて置きてこそ、高き所にはのぼるべきわざなれ……。

とかいている。これをみるにつけても、宣長は、『古事記伝』完成への努力や、その学問論の基本が賀茂真淵によるところが多いことをかきしるしている。

❖師の説になずまず

宣長は、契沖に対してはのちに評価をさげたが、真淵に対しては、「わが師のよにすぐれ」た点のみを賞揚して「吾が師」と尊敬している。そして県居大人御霊位を書斎にかざり、機会あるごとにそれに報告をした。それにもかかわらず「師の説になずむな」の教えを忠実に実践し、真淵学を批判し、『古事記伝』では八六二条中四一六条もその説を否定している。また『玉かつま』は「もののあはれ論」を完成させ、『徒然草』を批判し、花はさかりに月はくまなきものをみるのが人間の自然とときとげざる恋をめでることはあはれを否定したもので、不自然だといっている。これは中世的美的観念を否定して、上古主義を徹底させたことのあらわれである。

❖『古事記伝』の完成

宣長は寛政一〇年（一七九八）六月一三日に全四四巻『古事記伝』を完成した。この過程で、長い間板下をかきつづけて宣長に協力してきた長子春庭を失明させてしまった。わが子に過重な負担をかけて、眼病にかからせた父宣長の痛苦は、ますます宣長学をぜひ完成させねばならぬという意志を固めさせ、自ら板下をかくとともに、宣長をとりまく門人たちの協力、子女たちのたすけをかりて完成させたのである。そして完成したとき、宣長は「愚老数十年来勤務仕候」ものと自ら記している。

『古事記伝』再校本（本居宣長記念館蔵）

本居春庭（本居宣長記念館蔵）

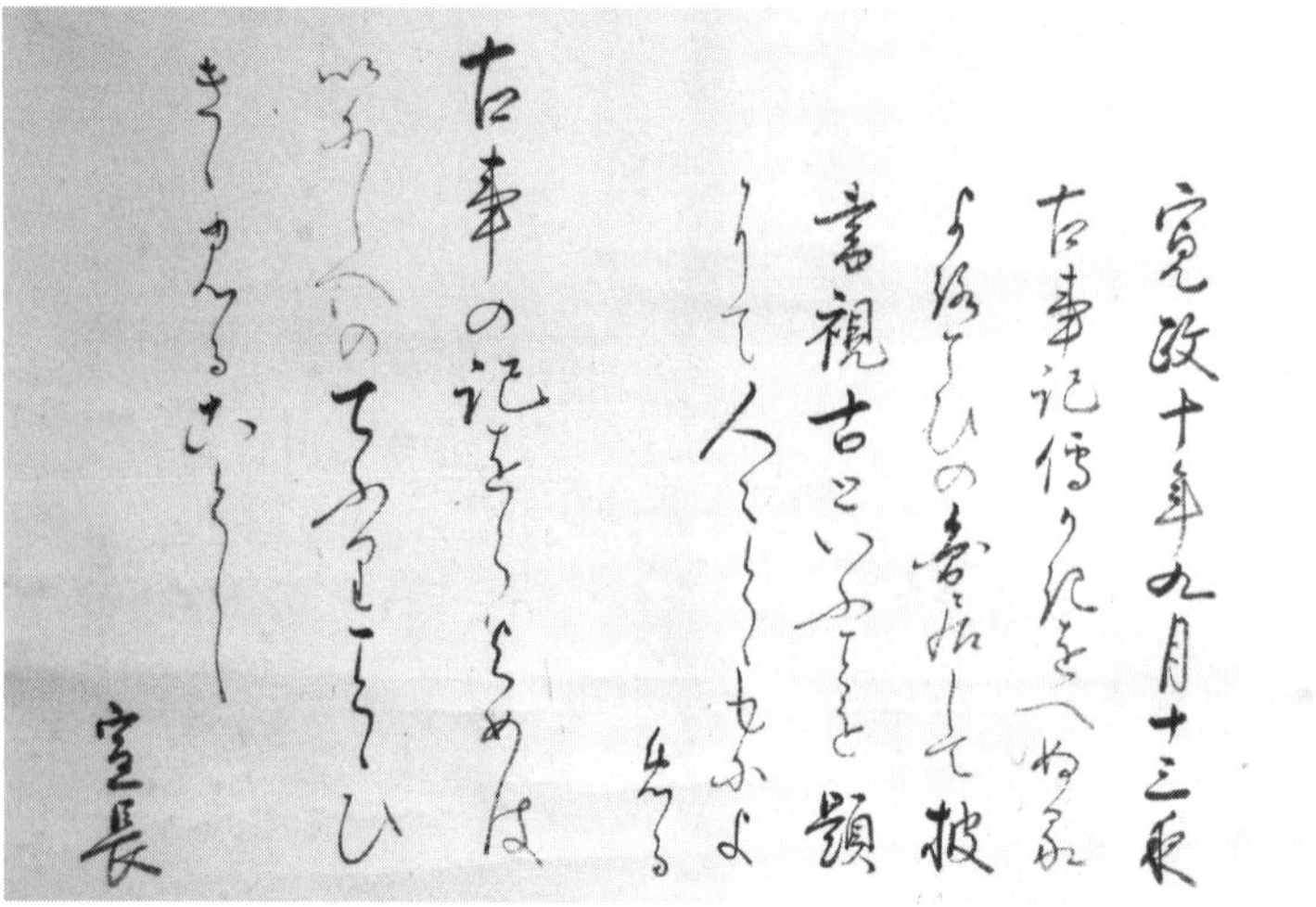

『古事記伝』終業慶賀の詠　（本居宣長記念館蔵）

彼にとってこれほどうれしいことは生涯になかったのである。生きてこれを完成させたいと願った宣長は、大平の主催で九月一三日夜、鈴屋において完成祝賀会を開いた。そして喜びをわかちあった。

思えば長い道のりであった。おそらくその心境は満月のごときものがあっただろうし、秋空のような澄んだものがあったにちがいない。

そのとき、宣長の脳裡に去来したものは、「松阪の一夜」であったかもしれない。また『古事記伝』をかきあげる苦労の一齣（ひとこま）であったかもしれない。「古事記翁」と人にいわれてまで、それに集中した宣長にとって、これでわが事成れりと考えたことだろう。ここではじめて宣長は、自らの学を広めるための道案内をする気になったのである。

『うひ山ぶみ』――国学とは何ぞや

❖国学とは何か

本居宣長は『古事記伝』完成後の六九歳になって、『うひ山ぶみ』という名の初学者に対する学問の手引き書をかいている。その中で「国学とは何か」に答えている。

まずその中で、国学という学問の分野をあげ、初学者にとっても、どういうものがあるかということは一番大切なことである。そしてどのように学んだら、道をしることができるか、もちろん『記紀』二典をくりかえしくりかえしよむべきことはもちろんであるが、それと同時に、宣長がかいたものの中で、『直日霊』や『玉鉾百首』や『玉くしげ』と『くず花』をあいまじえてよむべきことを強調している。

その上に、国学の歴史を回想して、契沖や真淵の学問の特徴、それと宣長学の差異をしめしている。その説明の中でも、宣長は自らの学をこの段階になると、初期の宣長学とは異なって、初期国学と異なった面をあらわにしている。このことは、晩年の宣長の回想が、『くず花』以後に確立した立場からのものでしかないことを意味している。それを人はいちじるしく古道学的という。またそうした立場から人の考えを選別しすぎていることがある。

いずれにせよ『うひ山ぶみ』は、宣長の古学概論である。初期の和歌のことなど重要な部分をしめしているし、その見解の発展がみられる。このことは、宣長が生涯のおわりに臨んで自分の学問の体系を整備しようと考え、「古学」とは何かを明らかにしようとしたのである。

それ故に、『古事記』を中心に考えず、二典の次に『万葉』をよく学ぶべしともいって、本居宣長の学問でなく、やはり「古学」とはいかなるものかということを広く考えていることがわかる。

古学とは、古意を明らかにすることが基本で、言も事も心も相即したものでなければならぬといっている。その点は、「言と事と心を、そのさま大抵相かないて似たる物にて」といういい方の中に示されている。

こうした考えは、心のつたなき人は、その生きざまは、またその示すわざもそれに応じてつたなきものでしかないという考え方にも通ずる。しかもそれらの相がかわった理想的な世界が二典と『万葉』と上代の事跡の中に伝えられているから、したがって古言・古歌を研究すれば自ら体得することができると考えられるのである。もちろんここにかいたようなことはなにも『うひ山ぶみ』にはじめて出てくることではない。

そのためか、宣長学の立場の一貫性を信ずる人は、宣長学の立場を説明するために、この『うひ山ぶみ』を、宣長学の三〇余年の成果をもっとも要約したものと考え、その百科全書的なものとしている。しかしわたくしは必ずしもそのようなことを信じていない。せいぜいこれを高く評価しても、宣長学の自伝的完成を示すものでしかないのである。

❖実情と道理

宣長学を構成するものは、二本立てであるという人がいるが、わたくしは二本立てなどと考えたことはないが、それよりは宣長は、むしろ実情と道理をこえるものとを求めており、それを一致した中にとらえたいと考えていたと思っている。

その中で、それを妨げるものとしての「さかしら」を否定して、漢意批判を徹底させ、恣意的で私的なものに対し、神と人とを感動させるものは全く存在しえないとしたのである。

それにもかかわらず、宣長は「まなびのしなも、しひてはいひがたく、学びやうの法も、かならず云々としてよろしとは、定めがたく、又定めざれども、実はくるしからぬことなれば、たゞ心にまかすべきわざなれども、さやうにばかりいひては、初心の輩は、取りつきどころなくして、おのづから倦おこたるはしともなることなれば、やむことをえず、今宣長が、かくもやあるべからんと思ひとれるところを、一わたりいふべき也」ともいっているように、努力と研鑽（けんさん）をぬきにしてかってにこうあるべきなどということを一般的に抽象的に理念化していうことはできない。

ただこうしたらよいだろうといえるくらいであるとのべている。したがって前述したこともそれくらいの比重をこえるものではない。それにもかかわらず、宣長は、『万葉』的な古風の歌ばかり尊重することには、躊躇（ちゅうちょ）（ためらい）を感じている。やはり後世風の歌といわれても、心をいつわることなく『古今』『新古今』の歌を評価している。そして万葉的古風は白妙衣のごとくであり、後世風のあきらかにしている『古今』『新古今』の世界は、くれない葉いろいろ染めたる衣のごとくである。白衣は白衣のよさがあり、色彩あるものは色彩のゆえによいものをもっている。こうしたことも宣長は、相対主義をのりこえたところで絶対的なものを求めている人だけに、いささかも虚偽や虚構、いや作為をゆるさない。ただ歌というものにだけ作為をみとめ、そもそも歌は思う心をいいのべるものだけではないかといっている。

このような論を、『古事記伝』研究の中で妙理に到達したことと、どの辺で相通じさせていたかというようなことは全くわからない。

宣長は、『うひ山ぶみ』の中で、このような初発的な疑問にこたえようとしていない。これはある意味で、宣長学を貫くもので、宣長は学問の骨格にふれるような現実的な問題については、言葉の世界での表現をかたくなに拒絶しつづけている。

❖そもそも道とは

ただ「そも〳〵道といふ物は、上に行ひ給ひて、下へは、上より敷キ施し給ふものにこそあれ、下たる者の、私に定めおこなふものにはあらず」(『うひ山ぶみ』)とか、「すべて下たる者は、よくてもあしくても、その時々の上の掟のまゝに、従ひ行ふぞ、即チ古への道の意には有ける」ともいっている。

このように考えられるとすれば、こうした状況下での学者のあるべき姿は、「学者はたゞ、道を尋ねて明らめしるをこそ、つとめとすべけれ。私に道を行ふべきものにはあらず」という立場をこえることはできなかったのである。ただ額面どおりにうけとるならば、学問など、現実の世の中をかえるのには全く無力なものでしかないということになる。

そして学問人など結局は政治に従属することにしかならないといっているようにきく人が多かろう。しかしそのようなとらえ方は、宣長の学問をなそうとする情念がどこから発し何をどのように求めているかをぬきにして、ただ片言にかかづらったよみとりである。これをもっと論理的にとらえようとつとめるとき、宣長が、きわめて自由討究の精神にあつい人であり、しかも年月ながく、うまず、たゆまず、おこたらずつとめてきたことが、「道の学問」であると要約する限り、それにもかかわらず道は上から云々ということの中に、美知が道のもとであるといっている限りにおいて、宣長ほど時代をなやんでいた人はいない。このような宣長の「こころ」が理解できないとしたら、宣長は、単なる伝統主義者として位置づけられてしまう。もちろん宣長は、伝統を軽視するような言説をほしいままにするような人ではない。それどころか「そも〳〵道統伝来のすぢを重くいみじきことにするは、もと仏家のならひよりうつりて、宋儒の流なども然なり、仏家には諸宗おの〳〵わが宗のよゝの祖師の説をば、よきあしきをえらぶることなく、あしきことあるをもおしてよしとさだめて尊信し、それにしたがへる他の説をばよくてももちひざるならひなるが、近世の神学者歌人などのならひもまったくこれよりいでたるものなり、さるは神学者歌人のみにもあらず、中昔よりこなたもろ〳〵の芸道などもおなじことにて、いと愚なる世のならはしなり。たとひいかほど伝来はよくても、その教よろしからず、そのわざつたなくてはもちひがたし、その中に諸芸などはそのわざによりては伝来をおもんずべきよしあれども、学問や歌などはさらにそれによることにあらず」とのべて、家学伝授の中でみられる因襲にこだわる考え方をしりぞけて、ただものの内容と、芸術そのもののよしあしのみによって考えるべきだといっている。これなども基本的には、天地自然にさからうものであることからきているのである。

その根底には、宣長が「そも〳〵此道は、天照大御神の道にして、天皇の天下をしろしめす道、四海万国にゆきわたりたる、まことの道」が考えられていたからである。こうした道ならば、上からしきほどこせばよい道であったのである。それでは当時の道というのは上からしきほどこす形の道でないかといえば、一見そのようにみえているが、その実、異なるものと考えたわけである。これを明らかにするものの努力が、宣長の国学であったのではあるまいか。

これは、考えようによっては、天明の世直し状況の下で、宣長が到達した政治的立場でさえあった。そのかぎりで宣長学は、すでに天明期に成立していたとみなす必要がある。たとえそれが整理され、形をととのえたのが『玉かつま』や『うひ山ぶみ』であったとしても、宣長学の基本的骨格が「もののあはれ」から「妙理」の中に見いだされ、道は上からしきほどこすものであり、学者の任務は、非政治の政治に徹していくことに求められるのであれば、その時点につくりあげられているといわないわけにはいくまい。

宣長のようなイキの長い、たゆみない努力をつづけた人でも、やはり精力的な仕事は、この時期までであったのである。

❖「やまとだましい」

宣長は決して「やまとだましい」や「やまとごころ」をうりものにするような人ではなかった。後世宣長をそのようなものとつなげて、その生涯を明らかにしようとするこころみもなされたことがあったが、それが誤りにみちたむなしいこころみであることは本書に即して考えてもらえば、直ちに了解されることである。

みずからの学問を国学とよぶことをいとい、外ざまにものをいうことは宣長がとらない立場であった。さればとて、宣長は、その学問を日本学などと自称したことも、ひそかに考えたこともない。

それよりは自らの学を「道の学問」としていた。またその著述の範囲から考えても宣長学はもっぱら道を学ぶ学問でしかなかったのだ。もちろんその分野のひろがりからいってかなり広い範囲にまたがる総合の学問である。しかしこれを単なる寄木(よせぎ)づくりでなく、国学を国学たらしめるものがあった。そのコアーが何であるかというと、道の存在の自覚によって求められる限り、国学のコアーは道であったということができる。

ただその場合、その道は、つきつめていけば神代の道に通ずるのであるが、これを宣長のように、道義学として求めることを排し、自然の道としてとらえるとき、硬直化を防止することができるのではあるまいか。宣長は『うひ山ぶみ』の中で、学問追求のあり方においてとくにそのようなことについて思いをいたして予防措置を講じている。かかる配慮をよみとることこそ『うひ山ぶみ』をよむもののつとめとするところでなければならない。

「こちたきもの」を排し「ただゆたかにおほらかに」をモットーとして学問論を展開し、「さかしら」だてを否定して、実情のままにいうとき、宣長学は、なお青春の文学としての余韻(よいん)をのこすこととなったのである。この柔軟さこそ、本居宣長の人間性のあらわれではなかったか。宣長が『古事記伝』を完成する前後になってかかる自伝的な著述をまとめたのも、門人育成のためによませるものを考えざるをえなくなった事情によるかもしれない。それにしては、宣長は、へたに啓蒙的なものをかこうとしていない。これは『玉かつま』でそうした形での学問を否定したものとしてのつらぬいた「すぢ」であった。

❖「遺言書」の意味

宣長の生涯は、必ずしも「すぢ」に生きることができたかというとそうではない。その端的な表現が、宣長が死の前年の寛政一二年（一八〇〇）にかいた「遺言書」である。この「遺言書」はかなり長文で詳細なものでここに書写することをやめるが、その内容は埋葬のしかたといい、年忌の指示と希望の中に、宣長が仏教を完全に否定しきれず、神道風との混合から成っている。

その中で注目すべきことは、それでも宣長は「相果て候て送葬迄之間念仏申候事無用に候」とのべて「すぢ」を通そうとしている。ただ仏前における僧侶の読経をみとめている。また墓は、檀那寺（菩提寺）の樹敬寺と山室山の妙楽寺の二か所に墓をつくることを指示している。その中で宣長は樹敬寺に恩義を感じ、仏式優位の見解をとっている。そしてそこでは「高岳院

山室山　妙楽寺　（小出寛氏 写真提供）

石上道啓居士」という法名でほうむられている。それに対し山室山の妙楽寺のほうは、「本居宣長の奥津紀」（のち「本居宣長之奥墓」に改めた）と記され、一本の山桜が植えられ、こちらのほうは神式をとっている（一年一度祥月墓参だけでよいといっている）。このことは、宣長が松阪樹敬寺の檀家に生まれながら、古学に専心した、つまり、作為、虚構を生涯かけて否定すべく努力をしたのにもかかわらず、宣長は「遺言書」という形での二本立的性格を露呈してしまったのである。かかれたものの多くは、いな、すべてに近い形で、仏教批判をし、神の御所為を中心にすえていたのにもかかわらず、浄土宗の仏事をふりすてる努力をかさねながらも、宣長はこれをふり切り、すて去ることができず、「密室」にこもってまで三部経読誦を日課としてきたのは、決して世間への義理だてではなく、宣長の心の奥底に、はばかり秘すべきものがあったのではあるまいか。それだけ来世信仰を否定し、これを作為

本居宣長の法誉上人あて手紙　（本居宣長記念館蔵）

の産物として「こだはり」ながら、結局は「はゞかり」でしかなく、宣長は、結局において「すぢ」を通すことはできなかったのであろうか。

　われわれは、いかに偉大と思われる人物の中にも、論理だけでの一貫性をもとめることはむずかしいことをここで知らされる思いがする。それだけに、宣長に対して人間的な親近感をもつことができる。

　それでもその活路を宣長は必死に求め「送葬之式は樹敬寺にて執行候事勿論也」といい、行列の順序までしめしながら、樹敬寺へ向けての行列は本人遺骸不在の「空送」であった。そしてその遺骸は「夜中密そかに」山室山の妙楽寺へ送るように指示してあった。そして、「遺言書」を認めた二か月後に山室山上に墓所を定めた。そこの住職は宣長の親しい法誉快遵で、宣長の気心をよくしっていた。宣長は、また「他所他国之人我等墓を尋候はゞ妙楽寺を教へ遺し可申候」ともいっている。このような宣長の思いは何をしめしているのであろうか。しかも石碑に戒名をかかず、生前同様の名を記し、没年まで刻まないということは、宣長が古伝説絶対信仰に打ち込むことによって、来世や後生の安楽を信ずることなく、死後はただ暗き予美の国へ旅立つと考えていたために、宣長は仏教の「虚妄」の安心ではなく、いつまでも現世にこだわったのではなかろうか。それとも、たしかに五十代のなかばころの『玉鉾百首』までは、二世を否定しているが、それでも七〇の老境に達して、その思いがみだれたと考えるべきであろうか。この点こそ究明がまたれる。

それさえも克服するものをもっていたことのあらわれだろうか。やはり宣長も人の子であったから「仏を信ぜぬ」ことができなくなり、自らのよりどころ古伝説絶対信仰との矛盾を「はゞかり」と「こだはり」の間で現実的に解決しようとつとめたのではなかろうか。それ故に、宣長自身は最後まで「はゞかり」（世間体）より「こだはり」をとることによって「すぢ」を通そうとつとめたと考える。それが端的に享和元年（一八〇一）の

よみの国おもはゞなどかうしとてもあちら此世をいとひすつべき

死ねばみなよみへゆくとはしらずしてほとけの国をねがふおろかさ

の二首の歌に示されているともいえる。

❖鈴屋社の規約

宣長は、晩年の寛政(かんせい)一一年（一七九九）七月には、鈴屋社の規約をもうけ、「詠草添削並講釈御聴聞之儀も、入門無レ之輩は許容之限にあらず候」とのべて、入門したものでも休むものはその理由を太平にとどけ、無断勝手に欠席することはゆるさない。病気旅行要用も長引く場

合は大平に連絡すべきだといっている。また「師家講筵（こうえん）並歌会等毎々出席之方には師弟之儀被相守候事勿論に候へども」、その他に入門はしたものの、当分は文通詠出するが、いつしか中絶し、一向御無沙汰のものもみえるが、そうしたものでも社中の列に加えることはできる。しかし師弟の約を変えたいものも、大平方に連絡してほしい。以下歌会講筵参加の服装、正月歌会の服装その他についてもことこまかに規定され、鈴屋門人に対する統制をつよめている。

これは門人が多くなって統制がゆるみ、門人の数は増加しても、門人の質が必ずしも向上したと考えられなかったことと、自らの畢生（ひっせい）の大著『古事記伝』が完成して、門人指導に力をそそぐことができたこと、加えて晩年を自覚して、鈴屋門の行方を考えたことによる。

考えてみれば、宣長の門人は、当初、嶺松院歌会の先輩たちが授業生となったから、規約をもうけるようなこともあまり必要でなかった。ところが次第に門人が拡大し、しだいに松阪より伊勢の国全域におよび、他国の門人もできるにおよんで、宣長は門人の指導のあり方についても一考も二考もせざるをえなくなった。そのとき遠国の門人に対しては、自分が真淵に学んだ方法を踏襲することとなったのである。

それでも宣長は、授業生門人録をととのえ、安永二年（一七七三）以後は各年ごとに記載するに至ったことは、宣長が鈴屋門誓詞をととのえたことを意味する。そのころより、鈴屋は嶺松院歌会から発展したサロン的雰囲気をしだいに克服して、和歌学のため歌学ではなく、古学の講筵に力点を移すに至り、宣長の講義題目にも変化がみられる。そのときは本居宣長の家の奥座敷で開講されている。聴聞にくる常連の門人のほかに、時々わざわざ地方から鈴屋をたずねる地方門人も少なくない。

宣長は定例の講義のときには、一定の式目をもうけて、夕食後に規則正しく行なわれている。また新規の開講をするときには、鈴屋より門人に案内の回章が発せられている。したがってつねに門人の指導を意識するとともに、自らもそのために努力している。それ故に宣長は何度も講義するたびに熟練度をまし、教育指導にもしだいに老成をましている。これなども日に日に学問をおしすすめようとする本人の努力によるところが大きい。また講義の方法についても多年の体験にもとづいて一家の見識をもつに至ったことは、その著『玉かつま』にかかれているので、まとめてみよう。

「こうさく」、「くわいどく」、「聞書」とかかれた一節には、この三つの教育方法の中で何が一番よいかといえば、初学のものには会読がいいというのはまちがっている。それはやはり熱心さにもかかわらず、意欲を持続させるだけの実力がともなわないとしている。したがって、初学のものにはやはり、師のいうことをきかせる以外にない。ただ、その場合でも注意しなければならないのは、師のいうことにもっぱらたよって己れがどう思うかなどということを全く考えず、ただいたずらに聞くだけというのは問題である。それ故に講義をきく場合といえどもすくなくともあらかじめ下見ぐらいして講筵に列するくらいの配慮をしなければならないし、もっと心を入れて勉強するなら「あと見」いいかえると復習ぐらいはしなければ講釈をうけた甲斐もないといっている。宣長は「聞書」についても師の一言一言を全部かきしるそうとするものがいるが、それはかくことのみに心をうばわれて、その言説を味わうきもちを失って「聞書」をつくるために、人のいうことをきくということになりがちになる、したがって、わすれてはならない大切なことのみをしるしておくべきであるとかいている。これなど今日のわれわれに対してもなお有意義な教訓である。

❖栗田土満（ひじまろ）の努力

本居宣長の熱心な門人の一人遠江国小笠郡土形平尾（掛川の東南二里）の平尾八幡の神主栗田土満（くりたひじまろ）（一七三七～一八一一）は、天明五年（一七八五）の入門であるが、宣長からも「遠州の大人（うし）」とまで尊敬された人である。

彼はしばしば本居宣長の講義をきくべく、松阪、名古屋にも出かけて、「聞書」をつくったり、テキストに書き入れをしている。これは文字どおり師の教えに忠実そのもので講筵にあって矢立をはらって書いたもので、したがって首尾一貫したものでなく筆者のメモそのものであった。その中には宣長の生きた言葉がそのままの息吹をもって伝えられるものが多い。これも土満が宣長に直接に問学したためにえたものである。これは宣長が門人に対して書物のみのつきあいや、書翰を通じての師弟関係を欲せず、むしろ、自分の下にきて直接師弟関係を結ぶことを欲したことが、弟子たちにはるばる講筵につらなるようにしむけたものと思われる。

宣長は遠国よりきた門人たちに対しては、送別の宴まで開いて、門人たちをはげましている。こうしたいきとどいた師の愛情は、郷国に帰った門人の心に長くいきつづけ、再び師のもとに学ぶ機会を与えることともなった。さらに宣長は門人たちに対し、他の人々が自分のもとに学びにきたことをしらせ、鈴屋の雰囲気を門人の心にやきつけることもおこたらなかったから、門人たちはいきとどいた師の配慮や、あるときは下宿さらには借間まで斡旋してくれる心づかいを感謝して、またのあう日を期することとなったのである。

こうした記録は、天理図書館にある『栗田土満雑集』その他が一番よくつたえてくれている。

❖帆足長秋と京

また肥後国（熊本県）山鹿の在、久原の祠官帆足長秋は前後四回にわたって松阪をたずねて師のもとで学習した人である。彼は鈴屋門へ入門したのは天明六年上京した時のことで、そのころは吉田家に入門して神道を勉学しはじめたころであった。彼の写した『直毘霊』の奥書には「天明六年丙午夏四月於勢州松坂書、肥後清惟改長秋、是年長秋三十始謁二本居先生一写二此書一巻一而後我肥後国古学興ル寛政十年参宮又謁二先生一而後享和元年亦謁二先生一」とある。この書き込みはおそらく後年にかき入れたものと思われるが、この一冊を写したのは短時日の間のことだったと思われる。『直毘霊』は宣長学の基本を示した書である。これによっても帆足が歌学より古学に深い関心をもっていたことがしられる。したがってその後寛政三年の旅の中でも、『万葉集』への宣長の書き入れを写して「天祖都城弁弁」、「遷幸おろがみを詠める長歌」、『神代正語』、『美濃の家づと』を写している。

長秋は帰郷後、同行の杉谷参河らの動きや、長瀬真幸の動きもあって、肥後の徂徠学者高本紫溟を動かし、和学科創設運動を展開した。とくに長瀬真幸は、帆足長秋らの遊学に刺激され、寛政五年には、父の江戸づめの随行の機会に宣長へ入門し、ついで江戸の加藤千蔭門にも入門している。一神官にすぎざる長秋よりは長瀬真幸の江戸遊学のほうがきわめて大きな影響力をもっている。しかし彼は歌論に傾斜し、万葉調にこっていたため、宣長の批評をうけざるをえなかった。そのため世人より「白湯塩梅」という批評さえうけた。

このような寛政八年四月松阪遊学を機会によく勉強をし、その上に寛政九年二月には、高本紫溟も同道したため国学運動に果たした影響力はきわめて強かった。それにくらべると帆足長秋は、社会的影響力に乏しかったが、熱心な門人で享和元年（一八〇一）には妻および娘京をつれて、松阪へおもむき六〇余日におよぶ逗留を行なった。京は、父を助けて宣長の主著『古事記伝』および『歴朝詔詞解』を書写している。このとき父娘にて書写した『古事記伝』七冊のうちの巻三〇の奥に

右古事記伝二十四之三十通計七冊、於伊勢松坂　自享和元年辛酉夏六月念（廿）四日迨同年七月念（廿）七日、以本居先生蔵本、二十七、二十八両春、命家女京書写之、如二十四、二十五、二十六、二十九、三十、五巻、則長秋親書写焉

下総守従五位下清原真人長秋帆足

時長秋春秋四十五、嫡女京十五

とあることによってもわかる。しかもこの京の才女ぶりには、宣長さえも感心している。

❖藤井高尚と宣長

本居宣長の門人藤井高尚（一七六四〜一八四〇）は、備中国（岡山県）吉備津神社の神官である。彼は本居宣長の師説になずまざることという精神をもっとも忠実につたえた学者の一人である。その彼が寛政一一年（一七九九）早春、江戸にいき、その帰り途に松阪へ立ち寄り、学友稲掛大平のはからいで大手町の長谷川という旅宿におちつき、鈴屋をたずねて問学している。その時の宣長の態度は、きわめて熱心な個人指導であった。その宣長も、晩年はかなり耳

が遠くなって直談がとどきかねる状態であったようである。それでも何とか皇朝学を中国にひらきたい由を申し述べている。そして自分に、くれぐれも国学を広めもうしてくれと依頼されたともかいている。

藤井高尚は、「わが鈴の屋の翁の君は、天の下の物しり人にて、もとよりやまとごころのいと〲かしこくおはすれば」(『源氏物語玉の小櫛』序)にあるように、本居宣長をほこりに考えていたのである。また本居宣長自身も、藤井高尚を評価して、「このふぢゐの高尚といふ人は、きびの国人にて、吉備津宮の宮人なるを、明くれ神につかまつるいとまのひまには、いにしへのみやびを、わざと好みて、はやくよりおのがをしへ子にて、いとまめやかにつとめまなびて、其すぢの文どもひろくよみあきらめて、歌もよくよみ、ふみもことによく書て云々」(「本居宣長全集」巻五、『鈴屋集』九)とあるような信頼をうけてさえいた。これも直接の問学が機縁になっての厚い人間関係がうまれたともいえる。

彼はきわめて門弟に対してもきびしかった。これは宣長の教えをうけたあらわれかもしれない。「おのれ

藤井高尚 (吉備津神社蔵, 岡山県立博物館 写真提供)

にしたがひてものまなぶ人、ちかきころ京をはじめの国々にあまたになりて、その中にはふるき歌文のこころ詞をときあきらめて、みづからよみて事もつたなからぬはこれかれとあれどもむねと神典をよむにこころをとどめちからをいる丶はいと〳〵まれにて」(『大祓詞後々釈』)とのべているように、古学継承を基準に評価している。したがって「ものまなびは、神代のみふみをもととして、よくよむことにぞありける」(『松の落葉』)とのべて、何よりも読書が一番であるといっている。しかも「わが神のみちのこころは、故鈴屋の直毘霊といふものに、ひとわたりいはれたり、其説は、いにしへ今にたぐひもなくめでたきに、まれにはおだやかならぬふしのまじれるこそうべなれ」(『道のしるべ』)とのべて、本居宣長の教えに忠実そのものであった。

❖田中道麿(みちまろ)と横井千秋

宣長は、門人に対しても学問についてはつねに同志同行の人と考えて接していた。とくに名古屋の万葉学者田中道麿(たなかみちまろ)(一七二四〜八四)は、県門の大菅中養父(おおすがのなかやぶ)の門人で一家をなし、その門下に大舘高門(おおだちたかかど)、渡辺直麿、加藤磯足(いそたり)などがいた。彼は宣長の学説に感心して安永六年(一七七七)に松阪を訪れて問学した。彼は宣長より六歳の年長であったが、鈴屋門に入門している。しかし宣長は万葉学に対する田中道麿の学才をみとめ、その社中の存在を評価している。した

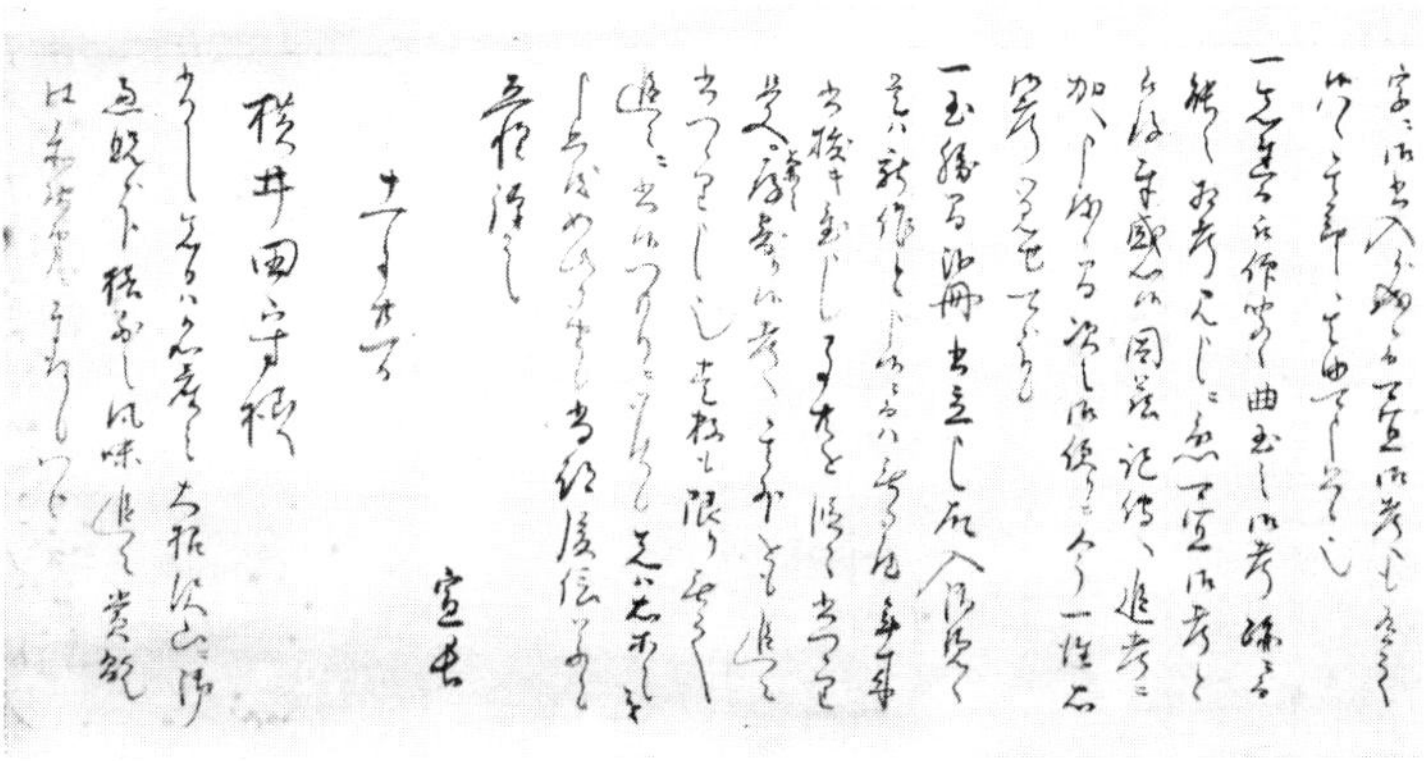

本居宣長の横井千秋あて手紙　（本居宣長記念館蔵）

がって宣長は、自ら『万葉』を調べれば調べるほどわからぬとき、「万葉之儀、段々御疑出来候よし、御尤に奉存候、とかく古書ハ左様成物ニテ、次第々々ニ済かたき事候出来候物也、此方も御同前ニ候也、尚追々幾遍もくりかへし御穿鑿可被成候」といいおくっている。また松阪での万葉の会で、わからず困ったときには貴君の意見はどうかとききおくっている。こうした中にも宣長は自説をまもるどころか、よいものと考えれば、弟子にさえ教えを乞おうとする姿勢をとっている。

　こうした姿は『万葉集問答』という形で、田中道麿と本居宣長との間の質疑録としてのこされている。具体的には道麿の説に対して宣長は「御考イト〳〵宜し、珍重珍重」といって素直にみとめている。かかる態度は、田中道麿に対してのみしめしたものではなく、尾張の鈴屋門の国学者横井千秋の『勾玉考』の考え方をそのまま『古事記伝』の中に採用し、この考えの見解は「いと宜し、従ふべし」といって採用している。これは服部中庸の『三大考』の見解を同書に採用したこととあいまって、宣長の学問専一の考え方を示している。

また石塚龍麿（いしづかたつまろ）が『古言清濁考（こげんせいだくこう）』をあらわしたとき、宣長はその学問的成果をほめ、自分のかいた『神代正語（かみよのまさごと）』などはそれにくらべると、「かむがへ及ばざりし」ことも多いとのべて高い評価を与えている。

❖破門された鈴木梁満（やなまろ）

こうした宣長の態度は、門人の中でも学問に熱心でない、そして俗情鄙劣（ひれつ）な人に対しては破門までしている。その唯一の事例である天明五年二月二七日に鈴屋門へ入門した三河吉田神明社神官の鈴木梁満（やなまろ）（一七三二〜一八一七）に対しても、入門した当初は、入門の束脩（そくしゅう）金子を喜ぶとともに、入門しただけでは何の益もないので、この上は何事にても不審のことがあったら問われることが必要である。「愚劣説とても、いかゞに思召候義、少しも無㆓御遠慮㆒幾度も御議論承度候」とのべて門弟とともに学ぶ学園の雰囲気をつたえている。ところがこの神官は、家学としての国学よりも、内山に評価された学力のもち主であるにもかかわらず、家の掟としての倹約や、自己の神官の地位を利用しての経済的大身化のほうにまで心がけている。

下からの力がつよくなった天明の世直し状況すら無視して、地方神官の宰領者として上からの負担の要求を割当帳に示して、下に重いまき上げ方法を具体化した。そのため世評はきわめてわるかった。白須賀神社の神主内藤兵庫は宣長にこれを知らせたので、宣長は本居大平を通じ宣長の信用の厚い栗田土満にその調査を依頼した。内報をえて、事実を確認した上で宣長は断乎として破門することとした。「近来承候へば、御職分之儀に付、貴国神職之衆中へ対し如何敷御儀苦有レ之候由風聞御座候。然共よもや左様之品は有レ之間敷」と思っていたが、それどころかそのとおりであることが確認されたので、古学に執心の人間には似合い申さざるものであるので、破門することとしたとある。これをみても、宣長があくまでも、古学を中心にした学問的立場に立って、この男を破門したことの意味は大きい。ただ宣長は決して人を憎んだのではなく、あくまでもその罪を憎んでいる。したがって、鈴木梁満の子鈴木穂積が三年後に入門を希望したときにはそれをそのまままみとめているのである。

❖植松有信と鈴木朗(あきら)

宣長は、入門を有名人について勉強したということにとどめたいとは考えていない。それ故に名古屋の門人植松有信(一七五九～一八一三)宛の書翰の中にも、惣体(そうたい)にこれまでに入門したものは、みだりなものが多く、はじめだけしばらくことの外に出精(しゅっせい)するけれども、しばらくたつとすぐにやめてしまい、何の音沙汰もなくなってしまい、詠草すら送ってよこしはしない。あまりにでたらめなので、社中申し合わせて入門の式をきめざるをえなくなってしまったとある。

おそらくこれは前述した寛政九年ごろの実情と思われるが、いかに宣長が門人指導に心をくばり、単に束脩(そくしゅう)だけでなく、古学の地方浸透を求め、門弟たちの成長を希望していたかがわかるのである。

せっかくていねいに通信指導につとめ、添削をしてやっても、すぐやめてしまうようでは、宣長をかなしませるだけであったのではなかろうか。

宣長は、天明期の末から学問を生活の糧とするに至り、門人獲得につとめ、自ら出張講義をこころみるに至った。なかでも寛政元年以来名古屋出講がこころみられ、ついで京都に出講、さらに紀州侯に進講の旅などで松阪をあとにした。この旅の中で宣長は、当地の門人をはじめ他の門人を招いて、門下の質疑に対し懇切な指導に当たっている。また講義そのものを開いて、宣長がえた新知見を門弟たちに伝えている。寛政四年の名古屋出講の時には前述の『璣舜(きしゅん)問答』を行なうとともに、門人の指導に当たっている。この時鈴木朗(あきら)(一七六四〜一八三七)らが入門し、宣長学の発展の一転機となっている。寛政六年の出講時には、栗田土満はわざわざ遠江より出て来てこの講筵に連なり、『伊勢物語』の書き入れ本の中に詳細なメモをかき入れている。この三回にわたる出講は、伊勢二〇〇に対し、尾張八八の門人獲得に大きな機縁となっている。また『古事記伝』の刊行もこの地の門人の支援によって軌道にのったのである。

❖宣長学と京都

本居宣長にとって京都は宣長学の成立に深くかかわるところであり、宣長の青春にとっても忘れがたいところであり、彼のかいたものによると「宮び」の対象とされた地でもあった。彼が京を愛したことは天明八年京都の大火のときに、

む月晦日京の残りすくなく焼ぬる由をきゝてよめる
吹からに花の都にもゆる火のよもにちりぬる春の山風
たちまよひねをや鳴らむ都人きゞすも同じ春のやけ野に
都にはきくもゆゝしき折しらで野べの蕨のもえやしぬらむ
（以上『鈴屋集』）

とよんでいる。こうした人であったからこそ京への出講によって宣長学の普及につとめ古学の不振をうちはらおうと考えたのである。時に寛政五年（一七九三）のことで『古事記伝』を天覧に供する機会でもあった。

宣長はつねに古学の地方浸透には、すべての自然の意志、神の心にしたがっていかねば発展しないと考えられていた。彼は学問のためにはつねに毅然たる態度をとっていた。誠の学者であった彼は、宮方にとり入ることなどを本意としていない。それ故に寛政五年の上京にはかなり古学不振を払拭する第一歩を印することができると信じている。彼はこのとき小沢芦庵とも

あっている。

❖最後の上京の時

その後宣長は、なかなか上京できなかったが享和元年(一八〇一)三月末に上洛し、二か月ほど古学弘通につとめた。このときの上京はその地の門人に依頼されたものである。その中心は城戸千楯で、宿舎は四条通り東洞院西へ入る町の南側中程の枡屋五郎兵衛が持家の座敷を、京の門人長谷川菅雄の名儀で貸りた宅であった。このときには、堂上家への進講もかなり行なわれている。そしてこれを宣長も晴れの講筵と意識していたし、松阪の大平・春庭にも、「京地も古学段々起り」とかくとともに堂上への影響のことが大慶なこととされている。かかる事実は、一面本居宣長というような偉大な人でも、自分の畢生の仕事を完成したことによって、いささか人間の緊張状況が弛緩するに至ったのである。

それとともに、このとき地方への講義によって飛騨(岐阜県)の田中大秀・江戸の和泉真国・伊予の二宮正禎その他が入門している。さらにこのとき宣長を訪問したものに、武川幸順の子武川幸伯があり、青春の親友山田孟明の息樫田法印に会って、京都遊学時代を回想して、自己の自伝を再確認してよろこんでいる。また同時代の人、加茂季鷹・伴蒿蹊・小沢芦庵・香川景樹といききしている。

洛中・北野天満宮。菅原道真を主祭神とし，10世紀中頃に創建。宣長は宝暦7年（1757）7月25日にここを参拝している。

洛西・栂尾の高山寺。宝暦2年（1752）10月3日，この山でも宣長らは紅葉狩りを楽しんだという。

京都遊学の地　（いずれも，安永9年（1780）に刊行の『都名所図会』より）

こうした努力は、古学普及を目的とした行動であった。かかる経緯の中で、宣長の教育者としての面目をしだいにととのえたともいえる。それにもかかわらず門人千家俊信は、宣長を尊崇のあまり、国造家の威力をもって、その普及につとめ、俊信は邸内に玉鉾社をたてて、宣長との書翰六巻を神体としている。

こうした傾向は、宣長学の継承のあり方にも影響を与えている。そうした意味でも、門人その他の宣長学の継承のしかたを考えてみなければならない。ただ生前の門人の多くは宣長が古学に堪能なものを評価していたのでいきおい学問中心の門人になっていた。

多くの門人は宣長の講説をきくとともに、出版上木以前の草稿の段階の著述を借り出し、これを写したりするものも少なくなかった。中には宣長周辺の門人の写本を借りて写す地方の門人も生まれたので、宣長学はそうした形で地方へ伝播し浸透している。そのために宣長はなんとかして出版元と交渉して、さらには鈴屋蔵版の形をとって自らの著述の公刊に努力をし、門人たちの筆写の苦労を省くとともに、公刊の準備の進渉状況を伝えて、地方門人たちの学習計画作成に便宜を供した。

栗田土満は『古事記伝』の版下作成に協力した人であるが、彼が早くから宣長の著書『古事記伝』の筆写には関心をもちつづけ、大平や蓬莱尚賢の写本を写したりしたが、自ら鈴屋大人の元本を借りて松阪の旅宿にて写している。その時にも貸し出しを許して学習の便宜を与えている。これは宣長が門人たちを、学問以外の目的に使わず、それ以外のことで結びつけたいとも考えていなかったことを示す。

❖門人指導と門人の増加

宣長は学問について「たゞ年月長く倦ずおこたらずして、はげみつとむるぞ肝要にて、学びやうは、いかやうにてもよかるべく、さのみかゝはるまじきなり。……不才なる人といへども、……又晩学の人も……又暇のなき人も……とてもかくても、つとめだにすれば、出来るものと心得べし。すべて思ひくづをるゝは、学問に大にきらふ事ぞかし。……いづれをも残さず、学ばまほしきわざなれども、一人の生涯の力を以ては、こと〴〵くは、其奥までは究めがたきわざなれば……」(『うひ山ぶみ』)とのべて、学問をするものは、対象をはっきり限定してつとめるべきことをといている。こうした指導理念は宣長の門人指導の鉄則を示すものといえる。

宣長の門人の数はさまざまの数があげられる。その門弟の分布は、郷国伊勢、しかも松阪を中心にして、尾張(愛知県)・遠江・三河(愛知県)・紀伊・近江(滋賀県)・京都に多い。その上に概して西国筋に多く、東国に少ない傾向を示している。

門人増加の傾向は、安永までは伊勢、ついで天明に至るまでは美濃(岐阜県)その他一三か国で、寛政以降尾張・美濃・遠江・三河・紀伊・京都と増大した。これらは、宣長の出張旅行

本居宣長翁「七二歳肖像」（本居宣長記念館蔵）

におおいにかかわっている。より詳細に説明すると安永二年までの門弟四六名中二八名は松阪に、その後安永三年より天明末まで一〇六名入門したが、松阪は二三名、その後は一六名という状態である。これをみても宣長学は松阪よりしだいに外へ向かって進出を求めたといえる。ついで美濃の中心は大矢重門で、大垣が中心となった。彼は宣長著『美濃の家づと』の序をかいた人で、彼の家は野口屋といい、材木商をいとなんでいた。天明六年松阪に赴き、宣長門人となり、その地の門人は多く町人であった。宣長の没後名古屋と同じく、鈴屋、藤垣門の地盤となる。名古屋の場合は前述した田中道麿が門人三〇〇余名をもち、その中に大舘高門・川村正保らがいた。おもなる人々はその没後宣長に直接入門したものは少なくない。大舘高門は津島街道筋の豪農で、パトロンであった。植松有信は版木屋、河村正保は材木屋、加藤磯足は起宿の本陣であった。この地は宣長没後は、鈴屋直系の春庭の基盤となり、門人八〇名におよび、大平の藤垣門は四一名にすぎなかった。遠州では、内山真龍門人が六名も入門し、その中には龍門七子といわれた高林方朗・夏目甕麿・石塚龍麿・小国重年がいる。しかし真龍が遠州国学の指導者であった時代は県居をうけつぎ、霊祭を行なっていたが、文政元年（一八一八）隠居し、高林方朗が中心になると、天保に至って村田春門のまきかえしもあって、鈴屋系との間にトラブルが生じている。その間に春庭門、大平門が地域に浸透している。かくして宣長忌も各地で行なわれるに至った。それによって本居宣長の名声はいよいよ高くなったのである。

あとがき

近世国学者本居宣長がよりどころとしたものは『古事記伝』著作の努力の中でえた「上ツ代の清らかなる正実」に対する限りなき信仰であった。宣長は「古事記翁」とよばれたようにそれ一筋に生きた人であった。したがって死すれば「予美」の国へいくと考えていたのである。しかも宣長は、『古今』や『新古今』調の歌の中に人間の本情の女々しさを見いだし、人情は女々しいもので、決して男らしいものでないと考えていた。悟りすましたような辞世は人を偽るものといい、「やまとだましい」も決して雄々しいものとは考えていなかったのである。こうした宣長はそれにもかかわらず、後生を語らなかったのであろうか。それはおそらく、宣長の求めた上ツ代の正実と人情のまこととの間を、一つにつらねるためには、この世を生きぬく以外に共通の場を設けることができないと感じたからにほかならない。

宣長は、古伝説絶対信仰に生きぬくことによって、現世における生の充実感にみちみちていたのである。もしも宣長がそうした目標をこの世の中に見いだせなかったとしたら、宣長も、母や弟妹たち親類縁者の人が辿ったように、仏の道へ帰依していったであろう。そうした誘惑からのがれるためにも、永久にこの世にいたいという生の執着をみたすためにも、宣長は古伝説絶対信仰、「妙理」に価値を見いださざるをえなかったのである。

それだけに、この宣長の古伝説絶対信仰、「妙理」に対する批判はないでもない。それにもかかわらず、この宣長学の本質にかかわるこの部分に対し、鋭いつっこみをした人は少ない。しかしこれに対する問いかけは、その当時より今日までたえまなくつづけられている。それにもかかわらず宣長が今日まで生きつづけているのはなぜだろうか。

それは、宣長が古典に対してさかしらを捨て、人智で求められる限りのことをぎりぎりのところまで求めつづけて、それがきわめてすぐれた学問的成果として残されているからである。それだけに『古事記伝』の成立過程に重点をおいた本書の価値は大きいと自ら考えている。

本書は、巻末にかかげたように多くの人々の成果の上に成立したものであるが、多少とも価値があるとしたら、世直し状況下でいきた一知識人の姿を示したことにあると考えている。

昭和四十七年三月十五日

著者

本居宣長　年譜

西暦	年号	年齢	本居宣長関係事項	参考事項
一七三〇	享保一五	一	五月七日松阪本町の木綿商小津定利二男として生まれる。母は村田孫兵衛の四女お勝。	翌一六年四月嶺松院歌会開かる。『創国学校啓』或る。
三七	元文　二	八	八月西村三郎兵衛を師として手習を始める。	三月真淵、江戸へ下る。
四〇	五	一一	七月二三日父定利没す。八月、弥四郎と改む。	
四一	寛保　元	一二	五月一四日魚町一丁目宅へ移る。義兄宗五郎家督を相続。名を栄貞と改む。	
四二	二	一三	七月大和国吉野水分神社に参詣。父の御礼を果たす。	荷田在満『国歌八論』成立。
四三	三	一四	『元祖円光大師御位記』等を筆写する。	
四四	延享　元	一五	九月『赤穂義士伝』作る。一二月元服。	
四五	二	一六	三月二六日『伊勢州飯高郡松阪勝覧』を作る。四月江戸の伯父小津源四郎店に逗留、翌年四月帰宅。	
四六	三	一七	浜田瑞雪に剣術を習う。	真淵、田安宗武へ出仕。
四八	寛延　元	一九	四月上京、御所を拝し知恩院へいく。一〇月諦誉上人より五重相伝血脈をうけ伝誉英笑道与居士と号す。一一月一四日山田の紙商今井田儀左衛門尹平の養子となる。一一月二一日養父にしたがって参宮。	

西暦	和暦	年齢	事項	関連事項
一七四九	寛延二	二〇	三月下旬より山田宗安寺の法幢和尚に和歌を学ぶ。華風と号す。一〇月より正住院住持につき五経を学ぶ。	
五〇	三	二一	一二月今井田を離縁し松阪へ帰る。	
五一	宝暦元	二二	二月二八日義兄宗五郎没。栄貞（宣長）家督相続。	
五二	二	二三	三月上京、堀景山入門。一六日「本居」復姓。契沖の著書よむ。	
五三	三	二四	七月堀元厚に医書を学ぶ。八月通称健蔵と改め、九月号芝蘭とする。	
五四	四	二五	五月一日景山門人武川幸順に小児科医を学ぶ。一〇月一〇日より止宿。	正月堀元厚没。
五五	五	二六	三月三日諱宣長、字春庵と称す。十徳着用。徂徠学を学習。	
五六	六	二七	二月有賀長川に入門して和歌を学ぶ。『排蘆小船』の稿成る。	
五七	七	二八	一〇月京より帰郷。小児科医を開業。この頃『冠辞考』をよみ、真淵の学問に敬意をあらわす。	六月真淵『冠辞考』成る。
五八	八	二九	二月より嶺松院歌会に出席。六月より『源氏物語』開講。	
五九	九	三〇	三月『伊勢物語』開講。	五月八日竹内式部追放。
六〇	一〇	三一	九月村田彦次郎女みかを娶る。一二月離縁。	山県大弐『柳子新論』成る。
六一	一一	三二	三月『阿毎菟知弁』成る。五月『万葉集』開講。	

西暦	年号	年齢	事項	参考事項
一七六二	宝暦一二	三三	正月七日草深玄弘女たみ（改勝）を娶る。	
六三	一三	三四	三月三日長男春庭生まる。五月二五日松阪中町新上屋にて真淵と会見。一二月二八日入門。六月七日『紫文要領』成る。『石上私淑言』この頃成る。	
六四	明和元	三五	正月『神代紀』開講（明和三年三月終了）。この年『古事記伝』の稿をおこす。	真淵『歌意考』『古今集序表考』成る。
六五	二	三六	八月六日『与谷川淡斎書』。	真淵『国意』成る？
六六	三	三七	三月『新古今集』開講。七月『源氏物語』（第二回）開講。	
六七	四	三八	正月一四日二男春村生まる。正月『石上稿』二冊成る。六月『古事記伝』巻四浄書成る。	八月山県大弐死刑、竹内式部流刑処分。
六八	五	三九	正月朔日母お勝（六四）没。六月『万葉集問目』『続紀宣命問目』成る。九月『国歌八論同斥非評』成る。稲掛大平入門。	富士谷御杖生まる。
六九	六	四〇	一二月四日真淵の死去の報を楫取魚彦より受く。	一〇月晦日真淵没（七三）。
七〇	七	四一	正月長女飛騨生まる。正月『古今集』開講。	
七一	八	四二	三月『家譜修撰』、一〇月『直毘霊』『紐鏡』成る。一二月『古事記伝』巻五脱稿。	六月田安宗武没（五七）。
七二	安永元	四三	三月吉野旅行、水分神社に詣る。五月『菅笠日記』成る。九月『古事記伝』巻七浄書成る。	六月草深玄弘没（七〇）。

一七七三	安永 二	四四	正月二日二女美濃生まる。二月『天祖都城弁弁』開講。『古事記伝』巻八浄書成る。門人帳をこの年より各年毎に記入することになる。	
七四	三	四五	正月『古今集』(第二回)開講。一一月『古事記伝』巻一一浄書成る。	一一月谷川士清『勾玉考』成る。
七五	四	四六	正月『字音仮字用格』(安永五年刊)成る。『源氏物語』三回開講。一〇月『万葉集』会読開始。	
七六	五	四七	正月三女能登生まる。	八月二四日平田篤胤生まる。谷川士清(六八)没。
七七	六	四八	一〇月『古事記伝』巻一四浄書成る。一二月『馭戎慨言』稿成る。	六月加藤美樹(宇万伎)(五七)没。
七八	七	四九	閏七月『古事記伝』巻一七浄書成る。	ロシア船貿易要求。
七九	八	五〇	一一月『万葉集玉の小琴』、一二月『詞の玉緒』成る。三井高蔭入門。	一〇月富士谷成章(四二)没。
八〇	九	五一	一一月『くず花』成る。田中道麿入門。	三月武川幸順(五六)没。市川匡『まがのひれ』をつくる。
八一	天明 元	五二	一一月真淵追慕の会を開く。	七月藤井貞幹『衝口発』。
八二	二	五三	正月『手向草』、九月『真暦考』成る。一〇月一三日工事をはじめ、一二月上旬鈴屋の書斎竣工。	
八四	四	五五	正月『別本家の昔物語』、六月『漢字三音考』成る。	六月伊勢貞丈(七〇)没。一〇月田中道麿(六一)没。天明大飢饉。

一七八五	天明 五	五六	一二月『鉗狂人』成る。この年『古事記伝』出版計画成る。栗田土満、横井千秋、服部中庸入門。	八月加藤枝直（九四）没。林子平『三国通覧図説』。
八六	六	五七	『古事記伝』上巻成り、板下をかく。『玉鉾百首』成る。『玉くしげ』成る。鈴木梁満破門。大矢重門入門。	八月田沼意次老中罷免。全国的な一揆。打ちこわし。
八七	七	五八	正月『新古今集』（第二回）開講。『呵刈葭』成る。一二月『秘本玉くしげ』を紀州侯に献上。『国参考』成る。	四月家斉将軍となる。江戸・大坂の打ちこわし。六月松平定信老中に就任。
八八	八	五九	六月『源氏物語』（第四回）開講。	正月京都大火。内裏炎上。
八九	寛政 元	六〇	三月名古屋へ旅行。五月『神代正語』成る。加藤磯足、植松有信入門。	幕府倹約令を出す。
九〇	二	六一	八月自画自讃の還暦寿像を描く。九月『古事記伝』五冊刊行。	寛政異学の禁。
九一	三	六二	四月『新古今集美濃の家づと』成る。	五月服部中庸『三大考』成る。
九二	四	六三	三月名古屋に旅し、尾張藩儒人見璣邑と会う。一〇月『古今集』（第四回）開講。一二月紀州藩に仕え、五人扶持をうく。鈴木朗入門。	四月林子平禁錮処分、『海国兵談』等の板木没収。
九三	五	六四	正月「玉かつま」執筆。三月上京。四月美濃・尾張を経て帰宅。長瀬真幸、藤井高尚入門。	伊予吉田藩武左衛門一揆。塙保己一、和学講談所設立。林子平没。高山彦九郎自刃。
九四	六	六五	三月名古屋旅行。一〇月稲掛大平とともに和歌山旅行。一一月一〇人扶持御針医仰付らる。一二月松阪学問所建設。この春ついに春庭失明。	

一七九五	寛政　七	六六	二月二六日字を中衛と改む。七月『大祓詞後釈』成る。『古事記伝』巻三七浄書成る。	陸中南部藩の一揆おこる。
九六	八	六七	『源氏物語玉の小櫛』成る。三月二一日蒲生君平来訪。	
九七	九	六八	一二月三日『古事記伝』巻四三浄書成る。長谷川菅緒、城戸千楯入門。『玉かつま』刊行。	
九八	一〇	六九	四、五月頃『伊勢二宮さき竹の弁』成る。六月七日『古事記伝』巻四四脱稿六月一三日浄書完了。七月『家の昔の物語』、一〇月『宇比山踏』、一一月『神代紀髻華山蔭』成る。四月～六月『鈴屋集』七まで刊行。九月一三日『古事記伝』完成祝賀会。	
九九	一一	七〇	正月和歌山に旅行、帰途吉野水分神社に参拝。『吉野百首』成る。二月二四日稲掛大平を本居家厄介（猶子）と定める。五月『新刻古事記』（後に『訂正古訓古事記』）の板下を書林へおくる。	
一八〇〇	一二	七一	四月『歴朝詔詞解』成る。七月「遺言書」を認める。一一月山室山に墓所を定める。一一月二〇日和歌山に出立、越年五月帰宅。この年『真暦考不審弁』『臣道』『古語拾遺疑斎弁』成る。	四月七日大平の父稲懸棟隆（七一）没。
〇一	享和　元	七二	二月一七日藩侯より奥詰の沙汰あり、三月一日帰郷。三月二八日京に出立。六月まで上京、古学を広める。『鈴屋答問録』『後撰集の言葉束脩』成る。九月一八	七月二七日横井千秋（六四）没。

一八〇一	享和　元	七二	日発病、同二九日没。一〇月二日山室山に葬る。「高岳院石上道啓居士、秋津彦美豆桜根大人」。

参考文献

本居豊穎 校訂「本居宣長全集」全七巻　吉川弘文館　明治三四年〜三六年
本居清造 再校「増補本居宣長全集」全十三巻　吉川弘文館　大正一五年〜昭和三年
本居清造 編「本居宣長稿本全集」二巻　博文館　大正一一年〜一二年
奥山宇七 編「本居宣長書簡集」一巻　博文堂　昭和九年
村岡典嗣 編「本居宣長全集」全二九巻（六巻で中絶）　岩波書店　昭和一七年〜一九年
大野晋・大久保正 編集校訂「本居宣長全集」全二〇巻　筑摩書房　昭和四三年〜五二年
臼田甚五郎 編『本居宣長集』（「国学大系」第三巻）　地平社　昭和一八年
久松潜一ほか 訳『本居宣長集』　筑摩書房　昭和三五年
吉川幸次郎 編『本居宣長』（「日本の思想」一五）　筑摩書房　昭和四四年
石川淳 編『本居宣長』（「日本の名著」二一）　中央公論社　昭和四四年
大川茂雄・南茂樹 編『国学者伝記集成』　大日本図書　明治三七年
野村八良『国学全史』　関口書院　昭和四年
竹岡勝也『近世史の発展と国学者の運動』　至文堂　昭和二年
伊東多三郎『国学の史的考察』　大岡山書店　昭和七年
羽仁五郎『日本における近代思想の前提』　岩波書店　昭和二四年

河野省三『国学の研究』　大岡山書店　昭和七年
河野省三『国学史の研究』　畝傍書房　昭和一八年
久松潜一『国学——その成立と国文学との関係』　至文館　昭和一六年
西郷信綱『国学の批判—封建イデオローグの世界』　青山書院　昭和二三年
丸山真男『日本政治思想史研究』　東京大学出版会　昭和二七年
松本三之介『国学政治思想の研究』　有斐閣　昭和三二年
松本三之介『天皇制国家と政治思想』　未来社　昭和四四年
木代修一『日本文化の周辺』　明治書院　昭和三六年
大久保正『江戸時代の国学』　至文館　昭和三八年
芳賀登『幕末国学の展開』　塙書房　昭和三八年
平野仁啓『万葉批評史研究』（近世遍）　未来社　昭和四〇年
佐野一彦『こゝろとみち——国学の歴史精神』　靖文堂　昭和一九年
西田長男『神道史の研究』　雄山閣　昭和一八年
西田長男『直毘霊』　有精堂　昭和一九年
村岡典嗣『本居宣長』　警醒社　明治四四年　岩波書店　昭和三年
佐佐木信綱『賀茂真淵と本居宣長』　広文堂　大正六年
藤村作『本居宣長』　楽浪書院　昭和一一年

山田勘蔵『本居宣長翁全伝』 四海書房 昭和一三年
宮島克一『宣長の哲学』 高山書院 昭和一八年
藤田徳太郎『本居宣長と平田篤胤』 丸岡出版社 昭和一八年
笹月清美『本居宣長の研究』 岩波書店 昭和一九年
河野省三『本居宣長』 文教書院 昭和一九年
井上豊『本居宣長』 春陽堂 昭和一九年
大久保正『本居宣長の万葉学』 大八洲出版社 昭和二二年
村岡典嗣『宣長と胤篤』（「日本思想史研究」Ⅲ） 創文社 昭和三二年
出丸恒雄『宣長の青春――京都遊学時代』 鈴屋遺跡保存会 昭和三四年
芳賀　登『本居宣長』（「世界思想家全書」一二） 牧書房 昭和四〇年
田原嗣郎『本居宣長』 講談社現代新書 昭和四三年
桜井祐吉『本居春庭翁略伝』 鶴城通信社 昭和四年
桜井祐吉『松阪文芸史』 比左古文庫 昭和一二年
桜井祐吉『郷土の本居宣長翁』 郷土会館出版部 昭和一六年
松本滋「本居宣長の精神形成」「やまと文化」五〇号 昭和四五年
松本滋「本居宣長の精神形成」「天理大学学報」七一号 昭和四六年

さくいん

【け】

【こ】

【さ・し】

【す】

【せ・そ】

【た】

【ち・つ・て・と】

【な】

【に・ぬ・の】

【は・ひ】

【ふ・へ】

【ほ】

新・人と歴史 拡大版 43
近世国学の大成者 本居宣長

定価はスリップに表示

2021年9月30日　初　版　第1刷発行

著　者　芳賀　登
発行者　野村　久一郎
印刷所　法規書籍印刷株式会社
発行所　株式会社　**清水書院**
〒102－0072
東京都千代田区飯田橋3－11－6
電話　03－5213－7151㈹
FAX　03－5213－7160
http://www.shimizushoin.co.jp

カバー・本文基本デザイン／ペニーレイン
乱丁・落丁本はお取り替えします。　ISBN978－4－389－44143－2